U0922805

国学经典

老子译注

贾德永 译注

SJPC 上海三联书店

目录

下 篇

前　言

一、老子其人

孟子曰："颂其诗，读其书，不知其人，可乎？" 因此，我们要研究《老子》一书，首先就要搞清其作者的生平事迹。关于老子的生平事迹，汉代史学家司马迁在《史记·老子韩非列传》认为老子就是老聃，这种记述本来是非常清楚的，但是可能因为司马迁时代就有关于老子的种种传言，故司马迁在《史记·老子韩非列传》中，就老子的事迹又列举了两个说法：一个说法是，"或曰：老莱子亦楚人也，著书十五篇，言道家之用"。另外还有"或曰儋即老子"之语。这样就出现了三个老子：老聃、老莱子、太史儋。所以，有人认为，在司马迁写《史记》的时候，老子这个人已经弄不清楚了。围绕老子的生平，后人打了不少笔墨官司，其实老子就是老聃。这应当是没有问题的。至于司马迁为什么在《史记》中还提到老莱子和太史儋，这是司马迁作《史记》基本原则的体现，那就是"信以传信，疑以存疑"。就是说，司马迁认为真实可靠的，他就把它详细地记载下来；如果他认为是有疑问的，他会将它作为一个附录，补充进去。老莱子和太史儋应当是一种补录。

可能在司马迁之前的时代，被人称作"老子"的，并非只有老聃一人，老莱子也曾被人称作"老子"，太史儋也曾被人称作“老子”。司马迁怕人们将这三人混在一起，故有这样一种记述。在司马迁那里，这三个人原来就是三个人，司马迁并没有将三个人混在一起。在《史记·仲尼弟子列传》中，司马迁说：“孔子之所严事，于周则老子……于楚，老莱子。”表明老莱子和老子并不是一个人。讲到老子的时候说“著书上下篇，言道德之意五千余言”，讲到老莱子的时候说“著书十五篇，言道家之用”，这些地方也说明司马迁认为老子和老莱子，并不是一个人。

关于太史儋，更不可能是老子。后人总是把老聃和太史儋放在一起。关于老子的记载有“老子西出关”。老子西行出关必然要向西行。而太史儋要到秦国去，也要出关。因为两个人都要出关，两人有相同的机遇，所以这两个人是一个人。还有人认为，“儋”和“聃”这两个字音相近，既然相近，那就可以相通。这都是一些牵强附会之词，没有道理，这两个人没有什么关系。因为《史记·老子韩非列传》有太史儋见秦献公一事，又载于《史记》中的《周本纪》和《秦本纪》，此事发生于孔丘死后的一百多年，时间相距老聃时代一百多年，把这两个人扯在一起，实在无理。

因此，我们说，老子就是老聃，他是楚苦县厉乡曲仁里人，周王朝藏书室的官吏，掌管史册典籍。孔子曾经到周向他问礼。老子在周为官的时间比较长，后来看到周王室衰微，他便离开东周西行到秦国，途中经过函谷关，关令尹喜强求他著书，老子写下五千字，这就是《老子》这本书，也就是人们常说的《道德经》。老子离关西去后，就隐居下来了，不为世人所知，不知其所终。后人传说他寿命很长，司马迁说：“盖老子百有六十余岁，或言二百余岁。”这虽是传言和推测，有夸大之辞，但他因修道而长寿，这大约是可信的。

二、《老子》其书

《老子》是一部讲哲理的古籍，也叫《道德经》，为春秋老聃所作。成书年代当不晚于战国初，因为先秦典籍《战国策》《荀子》《韩非子》都有称引《老子》的内容，它们都明确提到了老子。

《老子》一书版本很多，古今关于老子的注说有千百种之多。秦汉魏晋以来流传较广的就是王弼注本和河上公注本，王弼本流派为苏辙《老子解》、吴澄《道德真经注》，此为文人系统。河上公《老子章句》注本接近民间系统，流派包括景龙碑本、遂州碑本、唐写本等。但是以上两种版本都不是老子的原本，《老子》古本当是一九七三年十二月湖南长沙马王堆三号汉墓出土的两帛书《老子》写本，分别称作甲本和乙本。帛书《老子》与传世《老子》在篇章字句方面存在很大差异。

今天流行的各种《老子》都是《道经》在前,《德经》在后，且全书分为八十一章。帛书《老子》不仅没有分章，次序也与传世本《老子》有所不同，它是《德经》在前，《道经》在后。这是帛书《老子》和传世《老子》最不相同的地方。

帛书甲本《老子》不避汉高祖刘邦之讳。由此我们可以证明，这本书是在汉高祖刘邦称帝之前抄写的。 乙本避汉高祖刘邦之讳，但是不避汉惠帝刘盈和汉文帝刘恒之讳。由此可以证明，它是在刘邦之后，惠帝、文帝即位之前抄写的。当然，就具体字句方面来看，帛书《老子》甲本、乙本与通行本《老子》也有不少差异，有的还涉及思想内容方面的不同。种种不同，表明秦汉以后，人们还曾对《老子》作过某些修改和补充工作。但是，帛书《老子》甲、乙本作为比较古老的本子，应当是接近《老子》原貌的，因此有很重要的参考价值。

《老子》一书，仅仅五千言，但其内容可谓博大精深，有讲治国的，有讲军事的，有讲修身的，这些内容都体现了他以道为基础的哲学思想。当今社会，他的思想不论是对个人修身，还是治理国家都有重要的价值，仍然值得我们去借鉴学习。因此，对于《老子》，我们要细细品味体悟。

最后，再交代一下本次译注工作。本次译注正文以中华书局据华亭张氏所刊王弼注本为主，因为这个本子流传最广，错字比较少。河上公本及唐碑各种版本都是长期在道士手中流传的，在传抄中难免有改动，因此不及王弼本可靠。对于王弼本有错误的，再据河上公本、傅奕本、唐代多种碑本、敦煌残本及宋范应元本，作了一些适当的校正。

关于字句的解释，尽可能利用历代专家学者的研究成果。译文以直译为主，兼用意译，力求准确、顺畅。

本书的完成，很大程度上得力于家兄贾志永的帮助，其深厚的古文素养，独到的见解，每每使我走出解读困境。由于本人才疏学浅，难免有贻笑大方之处，幸得方家指正，我将拜而受之。

贾德永

2012 年 11 月

上篇

第一章

道，可道①，非常道②；名，可名③，非常名④。无，名天地之始⑤；有，名万物之母⑥。故常无⑦，欲以观其妙⑧；常有⑨，欲以观其徼⑩。此两者⑪，同出而异名⑫，同谓之玄⑬。玄之又玄⑭，众妙之门⑮。

注释

①道，可道：第一个“道”指自然规律、自然法则。范应元说：“道者自然之理，万物之所由也。”第二个“道”为动词，指言说。可道，可以说出来。

②常道：永恒不变的自然法则。它是普遍存在的、视之不见的、主宰万物的法则。

③名，可名：第一个“名”指具体事物的名称、称呼。第二个“名”为动词，即称谓。

④常名：永恒的称呼。常，经常不变。

⑤名天地之始：称述天地的本始。名，称呼、称述。始，《说文》："女之初也。"指原始。

⑥母：这里指万物的根源。

⑦常无：道本出于无，故曰"常无"。范应元说："长久自然之道，自古固存。然而无形无声，微妙难穷，故谓之常无。则欲要使人观其微妙也。"

⑧欲以观其妙：将用它来观察造化的奥妙。以，介词，意为用，后省宾语"之"。观，观察、谛视。妙，微妙、奥妙。王弼注："妙者，微之极也。"

⑨常有：这是从大道化生万物层面来讲，有具体的形象，所以"常有"。王安石说："道之用常归于有，故常有，得以自观其徼。"

⑩徼 jiào：边际。陆德明《经典释文》："徼，边也。"

⑪两者：指常无与常有。

⑫同出：同出于一个源头。

⑬玄：深远。"玄"无穷大且深不可测。

⑭玄之又玄：指深之又深，远之又远。之，而。

⑮门：门径、门户。

译文

道，能够说得出来的，就不是永恒不变的道；名，可以叫得出来的，就不是永恒不变的名。无，用来称呼天地的本始；有，用来称呼万物的根源。所以，那道本之而出的无，将用它来窥探造化的奥妙；那赖道而化生的有，将用它来观察自然的边际。常无和常有这两者，同出于一个源头而名称不同，它们同样都称得上是深远莫测的。深远莫测而又深远莫测，这是一切奥妙的门径。

解析

"道"是老子哲学上的一个最高范畴。老子于本章指出"道"无形无体，不具有任何质的规定性，它也不能用言语表达，是一种神秘的精神实体。本章所说的"道"是一切存在的根源，具有无限的潜力和创造力。

第二章

天下皆知美之为美，斯恶已[①]；皆知善之为善，斯不善已。故有无相生[②]，难易相成[③]，长短相形[④]，高下相倾[⑤]，音声相和[⑥]，前后相随[⑦]。恒也。是以圣人处无为之事[⑧]，行不言之教[⑨]；万物作而弗始[⑩]，生而弗有[⑪]，为而弗恃[⑫]，功成而弗居。夫唯弗居，是以不去。

注释

①恶：指丑。

②有无相生：有和无，针对事物的存在或不存在而言。

③成：成就。

④形：比较。

⑤倾：依靠。

⑥和：和谐。

⑦随：出现，显现。

⑧圣人：老子理想中的具有道行的统治者。

无为：顺其自然。

⑨不言：不发号施令。

⑩作：兴起。

⑪有：占有。

⑫恃：凭借。

译文

天下都知道美好的东西之所以为美好，丑就显露出来了；都知道善良的东西之所以为善良，恶就显露出来了。因此，有和无在对立中相互生成，难和易在对立中相互转化，长和短是相较而显现，音和声在对立中相互和谐，前和后是相随而成序。这是永远如此的。所以，圣人以顺其自然的态度处理世事，实行潜移默化的教育；万物兴起而不加干涉，生养万物而不据为己有，培育万物而不自恃己能，大功告成而不自居。正因为他功成而不自居，因此他的功业永存。

解析

本章集中体现了老子的朴素的辩证法思想。老子初步认识到宇宙事物矛盾对立的客观规律。他举出美恶、难易、长短、高低等对立统一的例子，并进而把这个规律运用到政治上，提出以“无为”处事,以“不言”去教导。但他的无为并不是无所作为，不言也并不是任何意见都不发表。

第三章

不尚贤[①]，使民不争[②]；不贵难得之货，使民不为盗；不见可欲，使民心不乱。是以圣人之治也，虚其心[③]，实其腹[④]，弱其志[⑤]，强其骨。常使民无知无欲[⑥]，使夫智者不敢为也[⑦]。为无为，则无不治矣。

注释

①尚贤：崇尚贤能。

②不争：指不争名夺利。

③虚其心：净化民众的心思。

④实其腹：填饱民众的肚子。

⑤弱其志：削弱民众的意志。

⑥无知无欲：没有伪诈的心思，没有争名夺利的欲念。

⑦智者：指民众中有知识的人。

译文

不崇尚贤才异能，使民众不争名夺利；不珍重难得的货物，使民众不做盗贼；不炫耀引起民众贪念的东西，使民众的思想不被惑乱。因此，圣人治理天下，要净化民众的心思，填饱民众的肚子，削弱民众的意志，增强民众的体魄。常使他们没有知识，没有欲望，使那些自作聪明的人不敢妄为。按照“无为”的原则去处理世事，天下就没有不能治理的。

解析

本章是老子的政治论。他反对当时流行的尚贤主张，反对人剥削人的社会制度，希望人民回到原始的自然状态，并提出了消除社会混乱和冲突的办法：首先，要使人们生活平安温饱；其次，要启发人们的心智；所谓“无知”，并不是愚民政策，而是消解巧伪的心思；所谓“无欲”，并不是消除自然欲望，而是消除贪欲的扩张。

第四章

道冲①，而用之或不盈②。渊兮③，似万物之宗④。湛兮⑤，似或存。吾不知其谁之子，象帝之先⑥。

注释

①冲：古字为“盅”，引申为空虚。《说文》：“盅，器虚也。”

②不盈：不满，不穷尽。盈，充盈，充实。

③渊：深。

④宗：祖。

⑤湛：隐晦。

⑥象：好像。帝：天帝。先：祖先。

译文

道是虚无而没有形体的，然而作用却是无穷无尽的。它是那样的深奥啊！似乎是万物的始祖。它是虚无的，但又似乎是存在的。我不知道它从哪里产生，似乎在天帝之前就有了。

解析

本章老子进一步阐述了“道”。道无形无体，却生养万物。道空虚玄妙，作用却是无穷无尽的。

第五章

天地不仁[①]，以万物为刍狗[②]；圣人不仁[③]，以百姓为刍狗。天地之间，其犹橐籥乎？虚而不屈，动而愈出[④]。多言数穷[⑤]，不如守中[⑥]。

注释

①仁：指儒家的仁爱，源自家族的孝悌之亲。

②刍狗：刍，草也。用草扎成的狗，叫作刍狗，古代用以祭神。

③圣人不仁：道家的圣人效法天地，故言“圣人不仁”。

④橐籥 tuóyuè：橐，以牛皮制成的风袋，是最早的助火工具，也是风闸、风箱的前身。籥，原指吹管乐器，这里指吹火的竹筒。

屈：严复说：“屈，竭也。虚而不屈，虚而不可竭也。”

“天地之间”至“动而愈出”的意思是说，皮囊内充满空气而不塌缩，拉动其体又能将其内空气压出，空气通过吹火筒可进入熔炼炉中。天地正是如此。

⑤多言数穷：指政令繁多加速灭亡。数：吴澄说：“犹速也。”快，加快。

⑥守中：作“守冲”解。持守虚静的意思。

译文

天地无所偏爱，把万物当成祭神用的刍狗看待；圣人无所偏爱，把百姓当成祭神用的刍狗看待。天地之间，不正是像个风箱吗？空虚却不会穷竭，发动起来就生生不息。政令繁多反而会加速败亡，不如持守虚静。

解析

本章分为两部分。第一部分老子指出天地对于万物，圣人对于百姓，都没有私爱。他指出天地无私无为，只是依照自身的发展规律而运动变化。第二部分老子警示当政者政令繁多的危害。

第六章

谷神不死[①]，是谓“玄牝”[②]。玄牝之门，是谓天地根。绵绵若存[③]，用之不勤[④]。

注释

①谷神不死：谷神，道的别名，亦为虚空。“谷”当为“穀”。《尔雅·释诂》：“穀，生也。”河上公注：“谷，养也。”这里指道能生养天地万物，而没有形体，神妙难测，所以老子称道为谷神。不死，变化而不停息。

②玄牝：微妙的母性，指天地万物总生产的地方。玄，幽深而不可测。牝，一切母性动物的生殖器官。

③绵绵若存：连绵不绝。苏辙注：“绵绵，微而不绝。若存，存而不可见也。”

④不勤：不劳倦，不穷竭。《淮南子·原道》高诱注："勤，尽也。"

译文

虚空变化而不停息，这就是微妙的母性。微妙的母性之门，是天地的根源。它连绵不断，作用永无穷尽。

解析

本章老子称道为"谷神"，说明道生养天地万物，而生生不息。

第七章

天长地久。天地所以能长且久者，以其不自生[①]，故能长生[②]。是以圣人后其身而身先，外其身而身存。以其无私，故能成其私[③]。

注释

①不自生：不为自己而生。

②长生：长久。

③成其私：成就自己。

译文

天地是长久存在的。天地之所以能长久并留存，是因为它们的一切运作并不为自己，所以能够长久存在。因此，圣人把自己放在别人后面，反而占先；把自己置之度外，反而保全了生命。正是因为他无私，反而能成就自己。

解析

本章老子用自然间天地运作不为自己，来比喻圣人行为没有贪欲。他并进一步指出天地以其不自生，故能长生；圣人以其无私，故能长存。这是老子用辩证法观点对自然间天地、社会中圣人观察而得出的认识。

第八章

上善若水[①]。水善利万物而不争，处众人之所恶[②]，故几于道[③]。居善地，心善渊[④]，与善仁[⑤]，言善信，政善治，事善能，动善时。夫唯不争，故无尤[⑥]。

注释

①上善若水：河上公注："上善之人，如水之性。"意为最高的善像水那样，帮助万物而不与万物争，润物无声。

②众人之所恶：指低洼的地方。

③几：近。

④渊：形容沉静。

⑤与：指和别人交往。

⑥尤：过失。

译文

上等的善人像水一样。水善于滋润万物而不与万物相争，甘心停留在众人不愿停留的地方，因此它最接近于道了。上等善人善于选择居处，心胸善于保持沉静，待人善于真诚相爱，言语善于信守承诺，为政善于精简处理，办事善于发挥所长，行动善于掌握时机。正因为他不争的品德，因此没有过失。

解析

本章用水的特性来比喻上德者的人格，并举出上等善人能利万物，大公无私，不与人争，心胸深远，这就是老子“善利万物而不争”的思想。

第九章

持而盈之[①]，不如其已[②]；揣而锐之[③]，不可长保。金玉满堂，莫之能守；富贵而骄，自遗其咎[④]。功遂身退[⑤]，天之道也。

注释

①持：握。

②已：止。

③揣而锐之：捶击使之锋利。

④遗：致也。咎：灾祸。

⑤遂：成。

译文

执持盈满，不如适可而止；捶砺而使之锋利，不可能长久保持。金玉满堂，谁能够守得住？富贵而骄纵，是自取其祸。功业已成，急流勇退，是合乎自然的道理。

解析

本章老子指出，富贵而骄，常常自取祸端；满溢过度，不免倾覆之患。因此他告诫人们要急流勇退，适可而止，这才是长保之道。

第十章

载营魄抱一[①]，能无离乎？专气致柔[②]，能如婴儿乎？涤除玄览[③]，能无疵乎[④]？爱民治国，能无为乎？天门开阖[⑤]，能为雌乎[⑥]？明白四达，能无知乎？生之畜之[⑦]。生而不有，为而不恃，长而不宰[⑧]，是谓“玄德”[⑨]。

注释

①载营魄抱一：载，句首语助词。营魄，河上公注：“营魄，魂魄也。”抱一，指魂和魄合而为一。此句意为魂与魄合而为一，即合为“道”。

②专气：指集气，抟 tuán 气。

③涤除玄览：涤除，洗涮。

玄览，比喻人的心灵深处明澈如镜。

④疵：瑕病。

⑤天门开阖：天门，指目、耳、口、鼻，这是人

身上天赋的自然门户，所以老子称之为天门。开阖，这里指动静变化。

⑥为雌：指守静。

⑦畜：养也。

⑧宰：主宰。

⑨玄德：深远之德。

译文

精神和形体合一，能不分离吗？聚集精气以致顺柔，能像婴儿那样达到精充气和的状态吗？洗净杂念妄见，观照内心，能没有瑕疵吗？爱护人民，治理国家，能够自然无为吗？感官在和外界的接触中运动变化，能够守静吗？明白通达，能够自认无知吗？产生万物，养育万物，产生了万物而不据为己有，推动了万物而不恃功劳，统帅万物而不主宰它们，这就是深远玄妙的德行。

解析

这一章重点讲修身功大，就是要人们洗清杂念，摒除妄见，进而反观内心。要人们专气致柔，达到精神与形体和谐合一的境界，并进一步将修身功夫推广到社会政治领域里，修身之后而爱民治国。

第十一章

三十辐共一毂[①]，当其无[②]，有车之用。埏埴以为器[③]，当其无，有器之用。凿户牖以为室[④]，当其无，有室之用。故有之以为利[⑤]，无之以为用[⑥]。

注释

①辐：车轮中连接轴心和轮圈的木条。古代的车轮有三十根辐条。

毂 gǔ：车轮中心的圆孔，即插轴的地方。

②当：在。无：指毂的中空之处。

③埏埴 shānzhí：河上公注："埏，和。埴，土。"即和陶土而制成的饮食器具。

④凿户牖 yǒu：指建造房屋。牖，窗也。

⑤为利：有利用价值。

⑥为用：起作用。

译文

三十根辐条集中到一个毂当中，有了车毂中空的地方，才有了车子的作用。糅合陶土做成器皿，有了器皿中空的地方，才有了器皿的作用。开凿门窗建造房屋，有了门窗四壁中空的地方，才有了房屋的作用。所以，实体以一定的形态提供了便利，正是由于形成了一定形式的空虚之处，才会产生作用。

解析

这一章体现了老子朴素的辩证法观点，老子以为器物的实体和空处是矛盾对立、相反相成的。并通过车、器、室三个例子来说明只有同时具备空处和实体才是有用的器物。这体现了老子“有”和“无”相互依存，相互为用的观点。

第十二章

五色令人目盲[1]，五音令人耳聋[2]，五味令人口爽[3]，驰骋畋猎令人心发狂[4]，难得之货令人行妨[5]。是以圣人为腹不为目[6]。故去彼取此[7]。

注释

①五色：指青、赤、黄、白、黑。目盲：比喻眼花缭乱。

②五音：指宫、商、角、徵、羽。耳聋：喻听觉不灵。

③五味：酸、甜、苦、辣、咸。口爽：口病。爽，《广雅·释诂》："爽，伤也。"

④驰骋：纵横奔走，喻纵情。畋 tián 猎：猎取禽兽。

⑤妨：伤害，破坏。

⑥为腹不为目：王弼注："为腹者以物养己。为目者以物役己。"为，治理也。引申为经营，谋求。腹，

可以理解为内在自身。目，可以理解为外在事物。

⑦彼：指“为目”的生活。此：指“为腹”的生活。

译文

缤纷的色彩，使人眼花缭乱；纷杂的音乐，使人听觉不灵；鲜美的食物，使人嗅觉失敏；纵情狩猎，使人心志放荡；稀有珍贵的货物，使人德行败坏。所以，圣人但求温饱生活而不追求耳目之娱，因此摒弃物欲的诱惑而保持安足的生活。

解析

本章是老子的人生论。他认为过度追求感官的刺激，会使人们陷于感官的旋涡，因此，人们应摒弃外界物质生活的诱惑，持守内心的安宁，确保固有的天真。

第十三章

宠辱若惊[①]，贵大患若身[②]。何谓宠辱若惊？宠为上，辱为下[③]；得之若惊[④]，失之若惊[⑤]，是谓宠辱若惊。何谓贵大患若身？吾所以有大患者，为吾有身[⑥]；及吾无身[⑦]，吾有何患？故贵以身为天下[⑧]，若可寄天下[⑨]；爱以身为天下，若可托天下。

注释

①宠辱若惊：王弼注："宠必有辱，荣必有患，宠辱等，荣患同也。"即受宠或被辱都会使人惊慌。

②贵大患若身：重视自己的身体如同重视祸患一样。联系下文，意在强调重视自己的身体，所以提前。

若，如。

③下：指卑下的意思。

④得之：谓得宠。

⑤失之：谓失宠。

⑥有身：心里只有自己，只顾个人利益。

⑦及：若，如果，假设之词。无身：与有身相对。

⑧以身为天下：把一身献给天下。

⑨若可寄天下：才可以寄以天下重任。

译文

得宠和受辱都会感到惊慌失措，受尊重遭侮辱在于自身。为什么得宠和受辱都感到惊慌失措？得宠为上，受辱为下。得到恩宠感到惊恐不安，失去恩宠更感到惊慌失措，故而得宠和受辱都感到心惊不安。什么叫作受尊重遭侮辱在于自身呢？我之所以有大祸，是因为我顾及自身，如果我不顾自身，我会有什么灾祸呢？所以能够以贵身的态度去为天下，才可以把天下寄托给他；以爱身的态度去为天下，才可以把天下委托给他。

解析

这一章老子教导人们不要过分重视外在的宠辱荣誉。要“贵身”，这样才能担当大任。

第十四章

视之不见，名曰“夷”①，听之不闻，名曰“希”②，搏之不得，名曰“微”③。此三者不可致诘④，故混而为一⑤。其上不皦⑥，其下不昧⑦，绳绳兮不可名⑧，复归于无物⑨。是谓无状之状，无物之象，是谓“惚恍”⑩。迎之不见其首，随之不见其后。执古之道，以御今之有⑪。能知古始⑫，是谓道纪⑬。

注释

①夷:《释文》注:“夷，灭也。”夷是无形的形容词。

②希:《释文》:“希，静也。”希是无声的形容词。

③微:《小尔雅·广诂》:“微，无也。”微是无体的形容词。以上“夷”“希”“微”均用来形容感官所不能把握的“道”。

④致诘：究诘，追究。

⑤故：通“固”，本来。混：合也。一：即道。

⑥上：指“一”之前辈。皦：显明，清楚。

⑦下：指“一”之后代。昧：暗昧，模糊。

⑧绳绳：王弼注：“行动无穷极也。”即绵绵不绝。

⑨复归：即还原。无物：是指不具有任何形象的实存体。无，是相对于我们的感官来说的；任何感官都不能知觉它，所以用“无”字加以形容它的不可见。

⑩惚恍：若有若无，闪烁不定。

⑪御：《说文》：“御，使马也。”此处御即使用，利用。有：指具体的事物。

⑫古始：宇宙的原始或“道”的端始。

⑬纪：纲也。

译文

看它看不见，名叫“夷”；听它听不到，名叫“希”；摸它摸不着，名叫“微”。这三者的形象无从追究，本来是混为一体的。这个所谓的“一”，它的上面并不显得光亮，它的下面也不显得阴暗，它绵绵不绝而不可名状，最终还原到不见物体的状态，这是没有形状的状，不见物体的形象，叫作“惚恍”。迎着它，看不见它的前头，跟随它，看不见它的后面。掌握着早已存在的“道”，来驾驭现在的具体事物。能够了解宇宙的原始，这就叫作道的纲要。

解析

这一章是描写道的。老子指出，道是无形、无声、无体的一个整体。道恍恍惚惚，似无而实有，神秘莫测。

第十五章

古之善为道者[①]，微妙玄通，深不可识。夫唯不可识，故强为之容[②]：豫兮，若冬涉川[③]，犹兮，其若畏四邻[④]；俨兮，其若客[⑤]；涣兮，其若凌释[⑥]；敦兮，其若朴[⑦]；旷兮，其若谷[⑧]；混兮，其若浊[⑨]。孰能浊以静之徐清？孰能安以动之徐生[⑩]？保此道者，不欲盈。夫唯不盈，故能蔽而新成[⑪]。

注释

①道：这里的“道”，既指养生之道，又指治国之道。

②容：状态，形象。

③豫兮：豫，原是野兽的名称，性好疑虑，加上“兮”字，引申为迟疑慎重的意思。

若冬涉川：形容小心翼翼。

④犹兮：犹，原为兽名，加上“兮”字，用来形容警觉警惕的样子。

若畏四邻：形容不敢轻举妄动。

⑤俨兮：形容严肃端庄。

⑥涣兮，其若凌释：《说文》：“涣，流散也。释，解也。”河水解冻，冰块顺流而下。比喻人顺应潮流的推移而不固执。

⑦敦：纯厚天真。朴：《说文》：“朴，木素也。”即木的原始体态，未经雕琢加工。

⑧旷：空也。

⑨浊：水浊。

⑩孰能浊以静之徐清？孰能安以动之徐生：吴澄注：“‘浊’者动之时也；动继以静，则徐徐而清矣。‘安’者静之时也；静继以动，则徐徐而生矣。‘安’谓定静，‘生’谓活动。盖浊故清，惟静故动。”

⑪蔽而新成：去故更新的意思。

译文

古代善于行道的人，精妙通达，深远而难以认识。正因为难以认识，因此勉强形容他的状态：他行动小心谨慎啊，像在冬天涉江渡河；他警觉戒备，像提防四周的围攻；他待人庄严恭敬啊，像充当宾客；他顺应潮流啊，像河冰的融化；他淳厚朴素啊，像未经雕琢的木材；他心胸宽广，像深山的幽谷；他含蓄纯厚，像一池浊水。谁能在动荡中安静下来而慢慢澄清呢？谁能在安定中活动起来而慢慢前进呢？坚守这种处世之道的人，不会自满。正因为他不自满，因此能去故更新。

解析

老子在本章对修道者的风貌和修养作了一番描述：他们谨慎小心，严肃端庄，温和融洽，虚怀若谷。

第十六章

致虚极[①],守静笃[②]。万物并作[③],吾以观其复[④]。夫物芸芸[⑤],各归其根[⑥]。归根曰“静”[⑦],静曰“复命”[⑧]。复命曰“常”[⑨],知常曰“明”[⑩]。不知常,妄作凶。知常容[⑪],容乃公,公乃全[⑫],全乃天[⑬],天乃道,道乃久,没身不殆。

注释

①致:推致。虚:指心灵空明无欲。极:指极度,顶点。

②静:无为。

③作:生长活动。吴澄注:“作,动也。植物之生长,动物之知觉,皆动也。”

④复:往复循环。

⑤芸芸:纷繁茂盛。

⑥归根:回归本原。

⑦静:平静,不争,不乱。

⑧复命：回归本性，回复天赋本然。

⑨常：永恒的规律。

⑩知常：认识永恒的规律。

⑪容：包容。王弼注："无所不包通也。"

⑫全：周遍。王弼注："无所不周普。"

⑬天：指自然的天，或者为自然的代称。

译文

达到心灵虚无的极点，保持清静无为的最高度。万物蓬勃生长，我就此观察其中循环往复的道理。万物纷繁众多，各自都要回归它的本原。返回本原叫作静，静叫作回归到天命的本然。回归到天命的本然是永恒的规律，认识永恒的规律叫作明。不认识永恒的规律，轻举妄动，就会遭遇祸患。认识永恒的规律，就能精通一切。精通一切才能坦然大公，坦然大公才能面面俱到，面面俱到才能与天合德，与天合德才符合自然法则，符合自然法则才能长久，终身免于危难。

解析

本章强调致虚守静的功夫。

第十七章

太上[①]，不知有之[②]；其次，亲而誉之[③]；其次，畏之；其次，侮之。信不足焉，有不信焉。悠兮其贵言[④]。功成事遂，百姓皆谓“我自然”[⑤]。

注释

①太上：最好，至上；指最好的君主。

②不知有之：民众不知道有君主的存在。

③亲而誉之：亲近并赞誉他。王弼注：“不能以无为居事，不言为教，立善行善，使下得亲而誉之。”

④悠兮：悠闲的样子。贵言：形容不轻易发号施令。

⑤我：百姓自称。自然：自己如此。

译文

最好的国君，民众根本就感觉不到他的存在；次一等的国君，民众亲近赞美他；再次一等的国君，民众畏惧他；更次一等的国君，民众侮辱他。因为统治者的诚信不足，民众自然就不信任他。最好的统治者悠然而不轻易发号施令。功业成就，百姓都说“我们本来是这样的”。

解析

这一章老子通过对四个等级国君的描述，意在说明“圣人处无为之事，行不言之教”的道理。

第十八章

大道废,有仁义;智慧出[①],有大伪;六亲不和[②],有孝慈;国家昏乱[③],有忠臣。

注释

①智慧:智谋。释德清注:“即礼乐权衡斗斛法令之事。”

②六亲:王弼注:“六亲,父子兄弟夫妇。”

③昏:黑暗。

译文

大道废弃,才会提倡仁义;智谋出现,才会产生严重的伪诈;家庭不和睦,才会显出孝慈。国家昏乱,才会出现忠臣。

解析

与儒家的看法相映成趣，老子认为仁爱、孝慈、忠义这些都是社会混乱后才产生的。

第十九章

绝圣弃智[①]，民利百倍；绝仁弃义，民复孝慈；绝巧弃利[②]，盗贼无有。此三者，以为文，不足[③]，故令有所属[④]：见素抱朴[⑤]，少私寡欲，绝学无忧[⑥]。

注释

①圣：在《老子》书中有两种用法：一为圣人的圣，指最高的修养境界；一为自作聪明的意思。这里的“圣”应该属于后者。

②巧：指奇巧的器物。利：指财货。

③三者：指圣智、仁义、巧利。文：文饰，浮文。

④令：命令民众。属：归属，适从。

⑤见：推重。素：没有染色的丝。
抱：持守。朴：没有经过雕琢的木。

⑥绝学：指弃绝仁义的圣智之学。

译文

消除聪明，抛弃智慧，民众可以得到百倍的利益。消除仁，抛弃义，民众可以回归孝慈的天性。消除奇巧器物，抛弃财货，盗贼自然就会消失。圣智、仁义、巧利这三者全是巧饰的，不足以治理天下。因此要使民众有所归属：保持朴质，减少私欲，抛弃学问，消除忧患。

解析

老子提出“见素抱朴”的主张，他认为上层统治者要摈弃智辨、伪诈、巧骗才能使人们回归自然，享受安宁。

第二十章

唯之与阿[1]，相去几何？美之与恶，相去若何？人之所畏，不可不畏。荒兮[2]，其未央哉[3]！众人熙熙[4]，如享太牢[5]，如春登台[6]；我独泊兮[7]，其未兆[8]。沌沌兮[9]，如婴儿之未孩[10]；儽儽兮[11]，若无所归。众人皆有余[12]，而我独若遗[13]，我愚人之心也哉[14]！众人昭昭[15]，我独昏昏[16]。众人察察[17]，我独闷闷[18]。澹兮其若海[19]，飂兮其若无所止[20]。众人皆有以[21]，而我独顽且鄙[22]。我独异于人，而贵食母[23]。

注释

①唯：恭敬的应答，这是晚辈回应长辈的声音。

阿：怠慢的应答，这是长辈回应晚辈的声音。

②荒兮：广漠的样子。

③未央：无尽的意思。

④熙熙：纵情狂欢，兴高采烈的样子。王弼注："众人迷于美进，惑于荣利，欲进心竞。"

⑤太牢：指牛、羊、豕。把牛、羊、豕养在牢里，以备祭祀时使用，所以称为牢。

⑥如春登台：好像春天登台眺望。

⑦我：这章中的"我"不必特指老子自己，亦可视为体道之士的一种泛称。

⑧未兆：没有迹象，形容无动于衷，不炫耀自己。兆，预见。

⑨沌沌 dùn：朴厚也。

⑩孩：《说文》："孩，古文作咳。咳，小儿笑。"

⑪傫傫 lěi 兮：疲倦的样子。

⑫有余：河上公注："众人余财以为奢，余智以为诈。"

⑬遗：不足的意思。

⑭愚人：老子认为"愚人"为最高修养的生活境界。愚，指一种淳朴返真的状态。

⑮昭昭：释德清注："昭昭，谓智巧现于外也。"

⑯昏昏：暗昧的样子。

⑰察察：严苛的样子。释德清注："察察，即俗谓

分星擘两，丝毫不饶人之意。”

⑱闷闷：淳朴的样子。

⑲澹：范应元注：“澹，水深也。澹兮，深不可测。”

⑳飂liú：形容飘逸，不受束缚。王弼注：“无所系执。”

㉑以：王弼注：“以，用也，皆欲有所施用也。”

㉒顽：《广雅·释诂》：“顽，愚也。”

鄙：《史记·乐书》：“鄙者，陋也。”

㉓食母：用道。范应元注：“食者，养人之物，人之所不可无者也。母者，指道而言也。”

译文

应诺和呵斥，相差多少？美好和丑恶，相差多少？人们所畏惧的，我也不能不畏惧。精神领域广阔啊，好像没有尽头的样子！众人都兴高采烈，好像参加盛大的筵席，又像春天登台眺望景色。我却独自淡泊宁静啊，从不炫耀自己；混混沌沌的样子啊，好像不知嬉笑的婴儿；无精打采啊，好像没有归宿。众人都富足有余，唯独我好像不足的样子。我真是“愚人”的心肠啊！众人都高明，我独昏聩；众人都精明，我独糊涂暗昧。恬静啊，好像深不可测的大海；行动飘忽啊，好像没有停留。众人好像都很有作为，唯独我愚昧而笨拙。我和世人不同，重视得道的生活。

解析

这一章老子用朴素的辩证法观点，分析了众人与自我价值取向的不同。

第二十一章

孔德之容[①]，惟道是从。道之为物，惟恍惟惚[②]。惚兮恍兮，其中有象[③]；恍兮惚兮，其中有物。窈兮冥兮[④]，其中有精[⑤]；其精甚真[⑥]，其中有信[⑦]。自今及古，其名不去，以阅众甫[⑧]。吾何以知众甫之状哉？以此[⑨]。

注释

①孔：河上公注："孔，大也。"德：陆德明注："德者，道之功也。"容：动作，样态。

②恍惚：释德清注："恍惚，谓似有若无，不可指之意。"

③象：迹象。吴澄注："形之可见者，成物；气之可见者，成象。"

④窈兮冥兮：深远暗昧。

⑤精：最微小的原质。

⑥真：真实。

⑦信：王弼注："信，信验也。"

⑧阅：观察，认识。

众甫：王弼注："众甫，物之始也。"

⑨此：指道。

译文

大德之人，他的一切言语举动，都是随着道而变化的。道这个东西，是恍恍惚惚的。恍恍惚惚之中，有它的迹象；恍恍惚惚之中，有它的实质。那样的深远暗昧，其中却有精质。这精质是非常真实的，非常可信验的。从当今上溯到古代，它的名字是永存的，依据它才能认识万物的本原。我怎么知道万物的本原的情形呢？根据就是这道。

解析

老子认为道是无形体的，人类的感官不能察觉，但在深远暗昧之中，有它的实质，有它的形象，有它的精神，有它的信验。它在恍惚窈冥之中产生了天地万物。所以大德之人的行动，都遵循道的规律。

第二十二章

曲则全，枉则直[①]，洼则盈[②]，敝则新，少则得，多则惑。是以圣人抱一为天下式[③]。不自见[④]，故明[⑤]；不自是，故彰[⑥]；不自伐[⑦]，故有功；不自矜[⑧]，故长。夫唯不争，故天下莫能与之争。古之所谓“曲则全”者，岂虚言哉！诚全而归之[⑨]。

注释

①枉：屈。

②洼：空凹。

③抱一：严灵峰注：“一者，道之数；犹不贰也，言其绝于对待也。抱者，犹守也。”故抱一即为坚守大道。式：法式，范式。

④自见：自现，自现于众。

⑤明：彰明。

⑥彰：显著。

⑦伐：夸耀。

⑧矜：骄满。

⑨归：给予。

译文

委曲反能保全，屈就反能伸展，低洼之处反能充满，破旧之物反能生新，少取反能多得，贪多反会落空。所以圣人坚守道这一原则作为天下事理的范式。他不自我表现，反能显明；不自以为是，反能彰显；不自我夸耀，反能有功；不自我矜持，反能长久。正因为他不跟别人争，所以天下没有人和他争。古人所说的“委曲可以保全”等话语，怎么会是空话呢！是实实在在能够达到的。

解析

本章是老子的人生观。老子运用朴素的辩证观点，来观照现实世界的种种现象。他认为：一、事物常在对立的关系中产生，我们必须对于事物的两端都能加以彻察；二、我们必须从正面去透视负面的意义，对于负面意义的把握，更能显现出正面的内涵；三、所谓正面与负面，并不是两种截然不同的东西，它们经常是一种依存关系。

第二十三章

希言自然[①]。故飘风不终朝[②]，骤雨不终日[③]。孰为此者？天地。天地尚不能久，而况人乎？故从事于道者，同于道；德者，同于德；失者[④]，同于失。同于道者，道亦乐得之；同于德者，德亦乐得之；同于失者，失亦乐得之。信不足焉，有不信焉[⑤]。

注释

①希言：无声之言，即不言之教，谓不托空谈。

②飘风：强风，狂风。

终朝：一整天。《左传》杜预注："终朝，自旦及食时也。"

③骤雨：急雨，暴雨。

④失：指失道，失德。

⑤信不足焉，有不信焉：君王诚信不够，百姓自然不相信他。

译文

不言教令是合于自然的。狂风刮不了一整日，暴雨下不了一整天。谁造成的狂风暴雨？是天地。天地的狂暴尚且不能持久，更何况人呢？所以从事于道的人，就要合乎道；从事于德的人，就要合乎德；表现失道失德的人，行为就会狂躁恣肆。合乎道的人，道也乐于得到他；合乎德的人，德也乐于得到他；表现失道失德的人，就会得到应有的后果。统治者的诚信不足，民众自然不相信他。

解析

本章是老子的政治观。老子认为王侯施用暴政来压迫民众，是不会长久的；效法宇宙自然之道、自然之德、自然之天，使民众各得其生，各得其养，那就可与道、德、天媲美了。

第二十四章

企者不立[①]，跨者不行[②]；自见者，不明；自是者，不彰；自伐者，无功；自矜者，不长。其在道也，曰：余食赘形[③]。物或恶之，故有道者不处。

注释

①企：同“跂”。《说文》：“企，举踵也。”意为举起脚跟，踮起脚。

②跨：跃，越，阔步而行。

③赘：《法言》司马光注：“有余曰赘。”即剩余。

译文

踮起脚跟的人，是站不牢的；跨步前行的人，是走不远的；自持己见的人，反而不得明白；自以为是的人，反而不得彰显；自我夸耀的人，反而没有功劳；

自我矜持的人，反而不能长久。这些躁进自炫的行为，从道的观点来看，简直是多余无用的东西。这些多余无用的东西，惹人讨厌，所以有道的人不这样做。

解析

本章大意与第二十二章大致相同，是老子的人生观。老子指出“企者”“跨者”“自见者”“自是者”“自伐者”“自矜者”都是必定要失败的。老子宣扬的是以退为进、谦虚退让的处世策略。

第二十五章

有物混成，先天地生。寂兮寥兮[①]，独立而不改，周行而不殆[②]，可以为天地母。吾不知其名，强字之曰“道”,强为之名曰“大”[③]。大曰“逝”[④]，逝曰“远”[⑤],远曰“反”[⑥]。故道大,天大,地大,人亦大。域中有四大[⑦]，而人居其一焉。人法地[⑧]，地法天，天法道，道法自然。

注释

①寂兮寥兮：无声又无形。河上公注：“‘寂’者，无声音。‘寥’者，空无形。”

②周行而不殆：周行，循环运行。不殆，不停。

③强：勉强。

④逝：指道的运行周流不息。

⑤远：广阔辽远。

⑥反：返转，还原。

⑦域中：宇宙之间。

⑧法：效法。

译文

有一个东西混沌而成，它在天地形成之前就存在。它无声又无形，它独立长存而永不改变，循环运行而永不停息，它可以作为天地万物的根本。我不知道它的名字，勉强把它叫作道，再勉强给它起个名字叫作大。它广大无边而周流不息，周流不息而广阔辽远，广阔辽远而返转还原。所以说，道大，天大，地大，人也大。宇宙间有这四大，而人占其中一个，人效法地，地效法天，天效法道，道效法自然。

解析

本章老子进一步说明道是独立的客观的，永恒的先天地而存在的精神实体。希望理想中的统治者能效法道，效法自然，做到无为而治。

第二十六章

重为轻根，静为躁君[①]。是以君子终日行不离其辎重[②]。虽有荣观[③]，燕处超然[④]。奈何万乘之主而以身轻天下[⑤]？轻则失根[⑥]，躁则失君[⑦]。

注释

①重为轻根，静为躁君：稳重是轻浮的根本，沉静是浮躁的主宰。王弼注："凡物轻不能载重，小不能镇大，不行者使行，不动者制动，是以重必为轻根，静必为躁君也。"

②辎重：军中载器械粮食的车。

③荣观：指华丽的宫殿，喻优美的环境。

④燕处：安居。

⑤万乘：指拥有兵车万辆的大国。

以身轻天下：以自身轻浮的姿态面对天下。河上公注："王者至尊，而以身行躁乎？疾时王者奢姿轻淫也。"

⑥失根：丧失控制力。

⑦失君：丧失君权。

译文

持重是轻率的根本，宁静是躁动的主帅。因此君子整日行走不离开载重的车辆。虽然有华丽的生活，却安居泰然。为什么身为大国的君主，还轻率躁动地治天下呢？轻率就会丧失根本，躁动就会丧失君权。

解析

本章老子提出了重与轻、静与动两对矛盾。他认为轻与重对立，重为矛盾的主要方面；动与静对立，静是矛盾的主要方面。这体现了老子朴素的辩证法思想。

第二十七章

善行，无辙迹[①]；善言，无瑕谪[②]；善数，不用筹策[③]；善闭，无关楗而不可开[④]；善结，无绳约而不可解[⑤]。是以圣人常善救人，故无弃人；常善救物，故无弃物。是谓“袭明”[⑥]。故善人者不善人之师，不善人者善人之资[⑦]。不贵其师，不爱其资，虽智大迷，是谓“要妙”[⑧]。

注释

①辙：轨迹。迹：足迹。

②瑕谪：过失，疵病。

③数：计算。筹策：古时候计数的器具。

④关楗：《说文》：“关，以木横持门户也。楗，限门也。”

⑤绳约：绳索。

⑥袭明：释德清注："承其本明，因之以通其蔽，故曰袭明。'袭'，承也，犹因也。"故袭明意为因顺大道。

⑦资：王弼注："资，取也。"

⑧要妙：精要玄妙。

译文

善于行走的人，不留踪迹；善于言谈的人，没有过失；善于计算的人，不用筹码；善于关闭的人，不用门闩却不可开；善于捆绑的人，不用绳索却使人不能解开。因此，圣人善于挽救人，所以没有被遗弃的人；经常善于做到物尽其用，所以没有被废弃的物。这叫作因顺自然之理。所以，善良人可以作为不善良人的老师；不善良的人可以作为善良人借鉴的资源。不尊重老师，不珍惜借鉴的资源，虽然自以为聪明，其实是最大的糊涂。这是精要深奥的道理。

解析

本章是对自然无为思想的引申。不仅指出了有道者顺其自然以待人接物，而且表达了有道者的心怀是不会弃人弃物。他们对于善人和不善的人，都能一律加以善待。特别是不善的人，并不因为其不善而抛弃他，一方面要劝勉他、诱导他，另一方面也能作为他人的借鉴。

第二十八章

知其雄[①]，守其雌[②]，为天下豀[③]。为天下豀，常德不离，复归于婴儿。知其白，守其黑，为天下式[④]。为天下式，常德不忒[⑤]，复归于无极[⑥]。知其荣，守其辱[⑦]，为天下谷[⑧]。为天下谷，常德乃足，复归于朴[⑨]。朴散则为器[⑩]，圣人用之[⑪]，则为官长，故大制不割[⑫]。

注释

①雄：喻刚强。

②雌：喻柔和。

③豀 xī：山涧，水所归往。

④式：准则。王弼注："式，模则也。"

⑤忒：王弼注："忒，差也。"

⑥无极：指原始的境界。

⑦辱：喻卑下。

⑧谷：空谷，喻人的内心的谦虚。

⑨朴：《说文》："朴，木素也。"即未加工的木材，喻人原有的德行。

⑩散：坏也。器：指万物。

⑪之：指朴。

⑫制：指治国之道。割：分割，割裂。

译文

深知自己是雄健的，却自甘居于柔弱的地位，作为天下的溪涧。作为天下的溪涧，天赋的本性就不会离散，而又回复到婴儿的状态。深知光明，却甘居于黑暗，作为天下的准则。作为天下的准则，天赋的本性就不会缺损，而又回复到原始的境界。深知自己是尊贵的，却甘居于卑微的地位，作为天下所归附的大谷。作为天下所归附的大谷，天赋的本性才能保持充足，而回复到质朴的状态。质朴的道分散成为各种各样的器物，圣人沿用质朴，则成为百官的首长，因此，完善的政治是不会割裂的。

解析

本章是老子的人生观，与第二十四章的大意是相通的。老子认为人要谦虚、退让、甘居卑下，保持原始的德行、婴儿般的天真、人类的朴质，并希望理想中的圣人能顺其自然而不妄为，达到国泰民安。

第二十九章

将欲取天下而为之①，吾见其不得已②。天下神器③，不可为也，不可执也。为者败之，执者失之。夫物或行或随④；或歔或吹⑤，或强或羸⑥，或载或隳⑦。是以圣人去甚⑧，去奢⑨，去泰⑩。

注释

①取：河上公注："取，治也。"为：指有为，强力去做。

②不得已：苏辙注："不可得矣。"

③天下神器：河上公注："器，物也，人乃天下之神物也；神物好安静，不可以有为治。"

④物：指人。

⑤歔：同"嘘"。

⑥羸：弱也。

⑦或载或隳 huī：河上公注："载，安也。隳，危也。"

⑧甚：过分安乐。

⑨奢：过分享受。

⑩泰：过分骄纵。

译文

想要治理天下却用强力去做，我看他不能达到目的。天下这个神圣的东西，不能有所作为。如果有所作为，就会破坏它，要用力掌握，就会失去它。那世界上的人们，有的在前行，有的在后随；有的要嘘暖，有的要吹冷；有的强健，有的羸弱；有的安全，有的危险。因此，圣人要去除极端的、奢侈的、过度的措施。

解析

本章是老子的政治论。老子对“有为”之政提出警告：治理国家，若以强力施政或暴力把持，都将自取灭亡。世间的物性不同，统治者要允许特殊性的存在与发展，不可强行。所以理想的政治家要顺应自然，因势利导，做任何事情不要走极端，不要奢侈，不要过分。

第三十章

以道佐人主者[①]，不以兵强天下。其事好还[②]。师之所处，荆棘生焉[③]。大军之后，必有凶年。善有果而已[④]，不敢以取强[⑤]。果而勿矜，果而勿伐，果而勿骄，果而不得已，果而不强。物壮则老[⑥]，是谓不道[⑦]，不道早已[⑧]。

注释

①佐：辅佐。

②好还：容易遭到还击，遭到报复。

好，如同容易。还，返。

③荆：一种灌木。棘：酸枣树，有刺；泛指有刺的苗木。

④果：效果。

⑤取强：逞强。

⑥壮：武力兴暴。

⑦不道：不合于道。

⑧早已：早灭亡。

译文

用道来辅佐君主的人，不靠兵力逞强天下。用兵这件事很容易遭到报复。军队所到之处，荆棘丛生。大战过后，必定会有凶荒的年岁。善于用兵的人，只求达到救济危难的目的就行了，不可用兵力来逞强。达到目的不要自满，达到目的不要自夸，达到目的不要自骄，达到目的却出于不得已，达到目的却不要逞强。凡是事物壮大了就必然会走向衰落，这是不合于道的，不合于道的很快就会消亡。

解析

老子于本章反对非正义战争。他告诫人们不要用兵，因为战争必然祸国殃民，给人民带来巨大灾难。即使万不得已而用兵，也要格外慎重，不可自矜自强，最好做到不战而胜。老子对战争抱着朴素的、辩证的、一分为二的观点。

第三十一章

夫兵者[①]，不祥之器，物或恶之[②]，故有道者不处。君子居则贵左[③]，用兵则贵右。兵者不祥之器，非君子之器，不得已而用之，恬淡为上[④]。胜而不美，而美之者，是乐杀人。夫乐杀人者，则不可得志于天下矣。吉事尚左，凶事尚右。偏将军居左，上将军居右，言以丧礼处之。杀人之众，以悲哀泣之；战胜，以丧礼处之。

注释

①兵者：兵器。

②物：指人。

③君子居则贵左：古人认为左阳右阴，阳生而阴杀，所以平时闲居则贵左，战时则贵右。

④恬淡：淡然处之。

译文

兵器是不祥的东西，人们都厌恶它，所以有道的人不接近它。君子平时闲居以左方为贵，用兵时以右方为贵。兵器是不祥的东西，不是君子使用的东西，不得已而要使用它，最好淡然处之。胜利了也不能得意扬扬，如果得意扬扬，那就是以杀人为快乐。以杀人为快乐的人，就不能得志于天下了。吉庆日以左边为上，凶丧事以右边为上。偏将军站在左边，上将军站在右边，这是说打仗要以丧礼仪式对待。战争杀人众多，要带着悲哀的心情对待；胜利了，以丧礼仪式对待。

解析

本章承接上章旨意，继续阐发老子反对战争的思想。他指出兵事是凶事，在不得已的情况下用它，即使胜利，也不能得意自大，要以悲哀的心情去对待。

第三十二章

道常无名、朴[①]。虽小[②]，天下莫能臣[③]。侯王若能守之，万物将自宾[④]。天地相合，以降甘露；民莫之令而自均[⑤]。始制有名[⑥]，名亦既有，夫亦将知止，知止可以不殆。譬道之在天下，犹川谷之于江海。

注释

①无名、朴：道的特征。

②小：范应元注："道常无名，固不可以小、大言之，圣人因见其大无不包，故强为之名曰'大'，复以细无不入，故曰'小'也。"即道是隐微不可见的，故称"小"。

③臣：使臣服。

④自宾：自将宾服于道。

⑤自均：自然均匀。

⑥始：是指万物的开始。制：出现。

译文

道永远是没有名称的，处于质朴的状态。它的呈现虽然幽微，天下却没有人能臣服它。侯王如果能守住它，万物就将自然地归从。天地间的阴阳之气相合，就会降下甘露，民众无须号令就会自然同受润泽。制度一经制定，各种名分、地位也就随之确定。名分、地位确定后，就知道有所限度，知道有所限度，国家就可以避免灾难。道充塞于天下，就有如河川之水流归江海一样。

解析

本章老子继续阐述道的永恒存在，幽微深妙。侯王如能遵守它的规律，万民就会归附。道变动不居，如日月经天，江河行地，历久常新。

第三十三章

知人者智，自知者明。胜人者有力，自胜者强[①]。知足者富[②]。强行者有志[③]。不失其所者久。死而不亡者寿[④]。

注释

①强：含有果决的意思。

②知足者富：严复注："足而不知，虽富，贫耳。"

③强行者：严复注："志士界说在此。惟强行者为有志，亦惟有志者能强行。"强行，勤勉力行。

④死而不亡：身没而"道"犹存。

译文

认识别人的人是有智慧的，自我认识的人才算是高明；战胜别人的人是有勇力的，自我战胜的人才算刚强。知道满足的人富有，坚持不懈的人有志气，不离失根基的人才能长久，身死而不被遗忘的人才是真正的长寿。

解析

本章为老子的人生论。老子指出：人要“知人”，更要“自知”。要“胜人”，更要“自胜”。要“不失其所”，更要“死而不亡”。

第三十四章

大道氾兮[①]，其可左右。万物恃之以生而不辞[②]，功成不名有[③]。衣养万物而不为主[④]，可名于“小”；万物归焉而不为主[⑤]，可名为“大”。以其终不自为大[⑥]，故能成其大。

注释

①氾 fàn：广泛。《广雅·释言》：“氾，普也。”

②辞：推辞。

③名：称为。

④衣养：护养，覆盖。

⑤主：主宰。

⑥终：始终。

译文

大道广泛流行，它可以无所不在。万物依靠它生存，而它对万物并不干涉，有所成就而不自以为功。护养万物而不自以为主宰，经常没有什么欲望，可以称得上精微。万物向它归附，而它不自以为主宰，可以称得上伟大。由于它不自以为伟大，所以能成就它的伟大。

解析

本章是老子的宇宙论。他认为:道不仅广大无边，包育万物，而且是无为的。道使万物各得其所，而不做万物的主宰，任万物自由生长。

第三十五章

执大象[1]，天下往[2]。往而不害，安平太[3]。乐与饵[4]，过客止。道之出口，淡乎其无味，视之不足见，听之不足闻，用之不足既[5]。

注释

①执：掌握。大象，指道。

②往：归附也。

③太：同“泰”，安宁的意思。

④乐与饵：音乐与美食。

⑤既：尽。

译文

执守大道，天下人都会归附。归附而不互相伤害，于是大家都平和安泰。音乐和美食，会使过往的路人驻足停留。而道从口中表述出来，却淡得没有味道，看它看不见，听它听不到，然而它的作用是没有穷尽的。

解析

老子在本章指出礼法之治好比“乐与饵”，不如自然无为的大道，虽然无形，却能使人民平和安泰。

第三十六章

将欲歙之[①]，必固张之；将欲弱之，必固强之；将欲废之，必固兴之；将欲夺之，必固与之。是谓“微明”[②]。柔弱胜刚强。鱼不可脱于渊，国之利器不可以示人[③]。

注释

①歙 xī：范应元注：“歙，敛也，合也，聚也。”

②微明：微妙的谋略。明，高明，指谋略。

③利器：治国的方略。示：泄漏。

译文

将要收敛它，必须暂且扩张它；将要削弱它，必须暂且加强它；将要废除它，必须暂且推举它；将要夺取它，必须暂且给予它。这就叫作微妙的谋略。

柔弱必定战胜刚强。鱼不能脱离深渊，国家的重要方略不能泄漏给别人。

解析

这一章为老子朴素的辩证法观点。老子指出：歙与张，强与弱，废与举，夺与予，都是矛盾对立且可互相转化的。归结起来，就是“柔弱胜刚强”这一基本原则。

第三十七章

道常无为而无不为[①]。侯王若能守之，万物将自化[②]。化而欲作[③]，吾将镇之以无名之朴[④]。无名之朴，夫亦将不欲。不欲以静，天下将自定。

注释

①无为：是顺其自然，不妄为。

无不为：是说没有一件事情不是它所为的，这是由于“无为”所产生的效果。

②自化：自我化育，自生自长。

③欲作：私自萌动。

④无名：指道。朴：形容道的真朴。

译文

道永远是顺其自然的，然而没有一件事情不是它所为。侯王如果能遵守它，万物就会自生自长。

万物自生自长中有私欲产生时，我就会用没有名称的道来镇服它。用没有名称的道来镇服它，那么就会根绝私欲。根绝了私欲就会归于宁静，天下自然就会达到安定太平。

解析

老子于本章强调统治者应顺任自然，无为而治，让人民自我发展，自我完成。这样才会养成真朴的民风，社会才能安定太平。

下篇

第三十八章

上德不德[①]，是以有德；下德不失德[②]，是以无德。上德无为而无以为[③]；下德无为而有以为[④]。上仁为之而无以为；上义为之而有以为。上礼为之而莫之应，则攘臂而扔之[⑤]。故失道而后德，失德而后仁，失仁而后义，失义而后礼[⑥]。夫礼者，忠信之薄[⑦]，而乱之首[⑧]。前识者[⑨]，道之华[⑩]，而愚之始。是以大丈夫处其厚[⑪]，不居其薄[⑫]；处其实[⑬]，不居其华[⑭]。故去彼取此[⑮]。

注释

①上德：与下文“有德”“无德”中“德”同义，这三个“德”字指自然的德行。

不德：与下文“下德”“不失德”中的“德”指人类创造的“仁”“义”“礼”“智”等品德。

②不失德：不失去“仁”“义”之类的品德。

③上德无为而无以为：上德的人，顺其自然而无所作为。以，有心，故意。

④下德无为而有以为：下德的人，顺其自然而有心作为。

⑤攘：范应元注：“揎袖出臂曰攘。”攘臂，即卷起袖子，伸出胳膊，表示决心相抗。

扔：《广韵》：“扔，强牵引也。”

⑥故失道而后德……失义而后礼：河上公注：“道衰而德化生，德衰而仁爱见，仁衰而义明，义衰则施礼聘行玉帛。”即失道而后有德，失德而后有仁，失仁而后有义，失义而后有礼。

⑦薄：衰薄，不足。

⑧乱之首：祸乱的开端。

⑨前识者：有先见的人，先知。

⑩华：虚华。

⑪处其厚：河上公注：“处其厚者，处身于朴教。”厚，敦厚、朴实。

⑫薄：浇薄，指礼。

⑬实：指道。

⑭华：指智。

⑮彼：薄、华。此：厚、实。

译文

上德的人不自恃有德，所以真正是有德；下德的人自以为不离失德，所以实际上没有德。上德的人顺其自然而无心作为；下德的人顺其自然而有心作为。上仁的人有所作为却没有任何企图；上义的人有所作为而且有所图。最有礼节的人而得不到回应，于是他就扬起胳膊，指引人们遵守礼节。所以，失去了道而后才有德，失去了德而后才有仁，失去了仁而后才有义，失去了义而后才有礼。所谓礼节这个东西，是忠信不足的标志，意味着祸乱的开始。所谓先知，不过是大道的虚华，是愚昧的开始。因此，大丈夫立身敦厚，而不居于浅薄；存心朴实，而不居于虚华。所以要舍弃后者，而采取前者。

解析

这一章老子对道、德、仁、义、礼出现的顺序及原因作了很深的剖析。

第三十九章

昔之得一者[①]，天得一以清，地得一以宁，神得一以灵[②]，谷得一以盈[③]，万物得一以生，侯得一以为天下正。其致之也[④]，天无以清，将恐裂；谓地无以宁，将恐废；神无以灵，将恐歇[⑤]；谷无以盈，将恐竭[⑥]；万物无以生，将恐灭；侯王无以正，将恐蹶[⑦]。故贵以贱为本，高以下为基。是以侯王自谓孤、寡、不穀[⑧]。此非以贱为本邪？非乎？故至誉无誉[⑨]。是故不欲琭琭若玉[⑩]，珞珞如石[⑪]。

注释

①一：指道。《说文》：“一，惟初太极，道立于一，造分天地，化成万物。”

②神：老子相信有神，但认为神是宇宙本体产生的灵物，而不是宇宙的创造者。

③谷：河谷。盈：水满。

④其致之也：推而言之。

⑤歇：消失。

⑥竭：尽也，水干。

⑦蹶：《广雅·释诂》："蹶，败也。"

⑧孤、寡、不穀：都是王侯的自称。孤、寡，是谦虚的说法，说自己孤德、寡德。不穀，有不善的意思。

⑨至誉无誉：最高的称誉是无须赞誉的。

⑩琭琭：形容玉的华丽。

⑪珞珞：形容石的坚实。

译文

自古以来得到一的：天得到一，因而清明；地得到一，因而宁静；神得到一，因而灵妙；河谷得到一，因而充盈；万物得到一，因而生长；侯王得到一，因而成为天下的君主。推而言之，天不能保持清明，难免要破裂；地不能保持宁静，难免要崩陷；神不能保持灵妙，难免要消失；万物不能保持生长，难免要灭绝；侯王不能做好领导工作，难免要灭亡。所以贵以贱为根本，高以下为基础。因此，侯王自称为"孤""寡""不穀"。这不就是把低贱作为根本吗？

难道不是这样吗？所以，最高的荣誉是无需赞誉的。因此不愿像玉那样华丽，宁可像顽石一样坚实。

解析

本章前半段讲道的作用，说明道是构成一切天地万物不可或缺的要素。后半段讲为政者处下、居后、谦卑，这才是长久之道。

第四十章

反者[①]，道之动；弱者，道之用[②]。天下万物生于“有”[③]，有生于“无”[④]。

注释

①反者：林希逸注：“反者，复也，静也”。

②弱者，道之用：柔，柔韧、柔弱。陈柱注：“道尚无为，则不争而守其雌，故曰：弱者道之用。”道的运用是柔弱的。

③有：和第一章“有，名万物之母”的“有”是相同的，指超现象界的形而上之道的实存性。

④无：和第一章“无，名天地之始”的“无”是相同的，指超现象界的形而上之道。道为“无名”，故为“无”，是万物之所从生者，故曰“有生于‘无’”。

译文

往复循环，是道的运动。守柔，是道的应用。天下万物生于有，有生于无。

解析

本章老子指出天地万物皆生于道。道有两个特点：往复循环，守柔致静。

第四十一章

上士闻道，勤而行之；中士闻道，若存若亡[①]；下士闻道，大笑之。不笑，不足以为道。故建言有之[②]：明道若昧[③]；进道若退；夷道若颣[④]。上德若谷[⑤]，广德若不足，建德若偷[⑥]，质真若渝[⑦]，大白若辱[⑧]，大方无隅[⑨]，大器晚成。大音希声[⑩]，大象无形[⑪]，道隐无名。夫唯道，善贷且成。

注释

①若存若亡：谓若有若无，即半信半疑。

②建言：立言。林希逸注："建言者，立言也，言自古立言之士有此数语。"

③昧：暗也，不明也。

④夷：王弼注："夷，平也。"颣 lèi：不平。

⑤上：高也。谷：溪谷，比喻谦下而能大度容物。

⑥建：刚健。俞樾注："建，当读为健。"

⑦渝：变污。

⑧辱：污黑。

⑨隅：角也。

⑩大音希声：范应元注："大道无声，而众音由是而出，乃音之大者也。"

⑪大象无形：范应元注："大道无象，而众象由是而见，乃象之大者也。"

译文

上士听到道，就努力去实行它；中士听到道，半信半疑；下士听到道，就大肆地嘲笑它。不遭到嘲笑，那就不足以成为道。因此古语曾说：

光明之道好像暗昧之道；

前进之道好像后退之道；

平坦之道好像崎岖之道；

崇高的德好像低下的川谷；

广大的德好像不足；

强健的德好像软弱；

质朴而纯真的德好像混浊的样子；

最洁白的好像有污垢的样子；

最方正的反而没有棱角；

最贵重的东西总是最后完成；

最大的乐声反而是无声响的；

最大的形象反而是没有形象的；

道是隐微没有名称的。

只有道，善于辅助并成就万物。

解析

本章阐述道的不易知不易行，因而举出上士、中士、下士三等人来比较说明，并引用古语表述道的深邃、内敛和幽隐未现。

第四十二章

道生一[①]，一生二[②]，二生三[③]，三生万物。万物负阴而抱阳[④]，冲气以为和[⑤]。人之所恶，唯孤、寡、不穀，而王公以为称。故物或损之而益，或益之而损。人之所教，我亦教之。强梁者不得其死[⑥]，吾将以为教父。

注释

①一：统一体，完整体。

②二：指阴、阳。

③三：天地气合而生和，二生三也。

④负阴而抱阳：背阴而向阳。负，在背后。抱，在胸前。

⑤冲：交冲，激荡。

⑥强梁：强劲有力，勇武。魏源本义："焦氏竑曰：'木绝水曰梁，负栋曰梁，皆取其力之强。'"

译文

道产生作为统一体的原始混沌之气，统一体又分裂为阴和阳两个对立面，这两个对立面又产生了和气，新生的和气产生了万物。万物背阴而向阳，阴阳两气相互激荡而生成新的和气。人们所憎恶的是孤、寡、不穀，但是王公却用来自称。所以一切事物，有时减损它，却反而得到增加；有时增加它，却反而受到减损。别人怎样教导我们的，我也用来去教导别人。强狠霸道的人绝对没有好下场，我把它当作教育人的总纲。

解析

本章为老子的宇宙论。在这里老子叙述了“道”创造万物的历程。

第四十三章

天下之至柔[①]，驰骋天下之至坚[②]。无有入无间[③]。吾是以知无为之有益。不言之教，无为之益，天下希及之[④]。

注释

①至柔：最柔弱。

②驰骋：形容马的奔走，这里是驾驭的意思。

③无有：无有之形。无间：是没有间隙。

④希：少也。及：认识到或做到。

译文

天下最柔弱的东西，能驾驭天下最坚硬的东西。无形的力量能穿透没有间隙的东西，我因此知道无为是有利的。不言的教诲，无为的益处，天下很少有能够认识到或者能够做到的。

解析

本章，老子对人生方面提出贵柔的主张；在政治方面，老子提出无为的主张。

第四十四章

名与身孰亲[①]？身与货孰多[②]？得与亡孰病[③]？甚爱必大费[④]，多藏必厚亡[⑤]。故知足不辱，知止不殆，可以长久。

注释

①亲：爱。

②多：《说文》："多，重也。"

③得：指得名利。亡：指失去生命。病：犹害也。

④甚爱必大费：过于吝啬就必定要付出很大的耗费。

⑤多藏必厚亡：过多的货藏必足招致惨重的灾难。释德清注："如敛天下之财，以纵鹿台之欲，天下叛而台已空，此藏之多，而不知所亡者厚矣。"

译文

荣誉和生命，哪一个更可爱？生命和财富，哪一个更重要？获得和失去，哪个更有害？过分的吝啬必定会造成很大的耗费；过多的储藏必定会造成严重的损失。因此，知道满足就不会受到屈辱，知道适可而止就不会带来危险，这样才可以长久保持下去。

解析

本章是老子的人生观。老子针对当时的现实，提醒世人要珍爱生命，不能为了追名逐利而不顾及生命。过分爱惜钱财和储存钱财，最终必然会失去。知足常乐，适可而止，可以终身免于灾祸。

第四十五章

大成若缺[①]，其用不弊[②]。大盈若冲[③]，其用不穷。大直若屈[④]，大巧若拙，大辩若讷[⑤]。静胜躁[⑥]，寒胜热。清静，可以为天下正[⑦]。

注释

①大成：最完满的东西。

②不弊：不朽。

③冲：参见第四章注。

④屈：曲。

⑤讷：说话困难，口吃。《说文》："讷，言难也。"

⑥躁：疾走，快速运动。

⑦清：无欲。静：无为。正：模范，君长。《广雅·释诂》："正，君也。"

译文

最完美的东西好像有欠缺一样，但是它的作用是不会衰竭的。最充盈的东西好像是空虚的一样，但是它的作用是不会穷尽的。最正直的东西好像是弯曲一样，最灵巧的东西好像是笨拙一样，最优秀的辩才好像是口讷一样，安静能克服躁动，寒冷能胜过炎热，清静无为可以做天下的君长。

解析

本章老子指出有道家修养的人应该是具有“大成”“大盈”的人格形态，而“若缺”“若冲”“若拙”则说明完美的人格不在外形的显露，而在于内在生命的内敛。

第四十六章

天下有道，却走马以粪[1]。天下无道，戎马生于郊[2]。祸莫大于不知足，咎莫大于欲得[3]。故知足之足，常足矣。

注释

①却走马以粪：却，摒去，退回。走马，善跑的马，指战马。粪，耕种。

②戎马生于郊：戎马，战马。郊，战地的郊野。

③咎：灾难。《说文》："咎，灾也。"

译文

国家政治清平，战马可以退回去用来种田；国家政治混乱，连怀胎的母马也要用来作战。祸患莫有过于不知足的了；灾难莫过于贪得无厌的了。所以知道满足的这种满足，会永远满足。

解析

本章是老子的军事论。老子认为战争的起因，大多数是由于统治者的野心勃勃和贪得无厌，结果争城夺地民不聊生，导致无穷无尽的灾难。老子指出统治者妄为的害处，警告统治者应当清静无为。他的反战思想是针对当时的社会现实产生的。

第四十七章

不出户，知天下；不窥牖[①]，见天道[②]。其出弥远[③]，其知弥少。是以圣人不行而知，不见而明，不为而成[④]。

注释

①窥：《广雅·释诂》：“窥，视也。”

②天道：自然的规律。

③弥：越。

④不为：即无为，不妄为。

译文

不出门外，能够知晓天下的事情；不望窗外，能够了解自然的法则。他走得越远，而他知道的东西越少。所以圣人不用亲自出行，就能知晓，不用亲自观察，就会明白，不妄为就能成功。

解析

本章老子认为世界上的一切事物都遵循着某种规律运行，有道之人只要掌握着这种规律，就可以了解事物的本来面目。老子认为我们应通过自我修养，作内观返照，净化心灵，以虚静的心境，去观照外物，掌握外物的规律。

第四十八章

为学日益[①]，为道日损[②]。损之又损，以至于无为。无为而无不为[③]。取天下常以无事[④]，及其有事[⑤]，不足以取天下。

注释

①学日益：河上公注："学，谓政教、礼乐之学也；日益者，情欲文饰，日以益多。"

②道日损：河上公注："道，谓自然之道也；日损者，情欲文饰，日益消损。"

③无为而无不为：不妄为，就没有什么事情是做不成的。

④取：河上公注："取，治也。"无事：顺其自然而不造事。

⑤及：若，如果。有事：造事。

译文

从事于学问的人，知识一天天在增加；从事于道的人，情欲一天天在减少。减少而又减少，一直达到无所施为的境地。如果不妄为那就没有什么事情做不成的了。治理国家要顺其自然不造事，如果要造事，那就不配来治理天下了。

解析

本章论述“为学”与“为道”的不同。“为学”是求取对于外物的知识，故“日益”为佳；“为道”是求对于道的认识、理解，需内心纯净，自省感悟，故知识以“日损”为上。二者相较之后，归于“治国”，即“为道”可使百姓返璞归真，从而治天下。

第四十九章

圣人无常心[①]，以百姓心为心[②]。善者，吾善之；不善者，吾亦善之，德善[③]。信者，吾信之；不信者，吾亦信之，德信。圣人在天下歙歙[④]，为天下浑其心[⑤]。百姓皆注其耳目[⑥]，圣人皆孩之[⑦]。

注释

①常心：固有的心思。指主观成见。

②百姓：主要指劳动人民。

③德：同“得”。

④歙：收敛，指收敛意欲。

⑤浑其心：使人心思回归浑朴。

⑥百姓皆注其耳目：百姓都专注他们自己的耳目。

⑦圣人皆孩之：圣人都孩童般地看待他们。徐复观说：“圣人皆孩子的方法，亦只是圣人自己抱一守朴，不给百姓益扰动。亦即是无为而治。”

译文

圣人没有主观成见，以百姓的意见为意见。善良的人，我善待他；不善良的人，我也善待他；这样可以使人人向善。守信用的人，我信任他；不守信用的人，我也信任他；这样也可以使人人守信用。圣人治理天下，应收敛自己的意欲，使人心思回归浑朴。百姓都专注他们自己的耳目，圣人孩童般地看待他们。

解析

本章是老子的政治观。老子理想中的统治者，应收敛自我的欲念，破除以自我为中心而体察百姓的疾苦，与百姓打成一片，把他们当作婴儿看待，使他们长期保持混混沌沌的纯真状态。这是老子贯彻的清静无为的原则。

第五十章

出生入死[①]。生之徒[②]，十有三[③]；死之徒[④]，十有三；人之生，动之于死地[⑤]，亦十有三。夫何故？以其生生之厚[⑥]。盖闻善摄生者[⑦]，陆行不遇兕虎[⑧]，入军不被甲兵[⑨]；兕无所投其角，虎无所措其爪[⑩]，兵无所容其刃[⑪]。夫何故？以其无死地[⑫]。

注释

①出生入死：人出世为生，入地为死。

②生之徒：属于长寿的。徒，属，类。

③十有三：即十分之三。王弼注："'十有三'，犹云十分有三分。"

④死之徒：属于夭折的。蒋锡昌说："短命之类。"

⑤动：妄为，违反自然之道的行动。

⑥生生：过分地奉养生命。

⑦摄生：养生。《说文》：“摄，引持也。”

⑧兕 sì：兽名，似野牛，青色，有角。

⑨入军不被甲兵：在战争中不被伤害。蒋锡昌说：“《广雅·释诂二》：‘被，加也。’‘遇’‘被’皆为受动词。‘陆行不遇兕虎，入军不被甲兵’，言路行不为兕虎所遇，入军不为甲兵所加也。”

⑩措：安置。朱谦之说：“‘措’，安也。”

⑪容：俞樾说：“容，用也。”

⑫无死地：没有进入死亡的境地。

译文

人出世为生，入地为死。长寿的人占十分之三。夭亡的人占十分之三。人过分地奉养生命，而走向死路的也占十分之三。这是为什么？恰恰由于人们过分奉养生命。听说善于保持生命的人，在路地上行走，不会遇到兕牛和老虎，在战争中也不会被刀枪伤害。兕牛用不上它的角，老虎用不上它的爪，兵器用不上它的刃。这是为什么呢？因为他没有进入死亡的境地。

解析

本章老子论述保养生命的方法。老子反对那种过度纵欲，极力追求物质享受，过着奢侈荒淫生活的人。他宣扬圣人应过顺其自然清心寡欲的生活，只有这样，才能达到长寿。

第五十一章

道生之[1]，德畜之[2]，物形之[3]，势成之[4]。是以万物莫不尊道而贵德[5]。道之尊，德之贵，夫莫之命而常自然。故道生之，德畜之，长之育之，亭之毒之[6]，养之覆之。生而不有，为而不恃，长而不宰。是谓“玄德”[7]。

注释

①之：指万物。

②畜：养也。

③物形之：物成其形。

④势：蒋锡昌说：“势，指各物所处之环境而言，如地域之变迁，气候之差异，水陆之不同是也。”

⑤是以万物莫不尊道而贵德：因此，万物没有不尊崇道而珍贵德的。

⑥亭之毒之：高亨说："亭，当读为成，毒，当读为熟，皆音同通用。"

⑦"生而不有"下诸句：这四句见于第十章。

译文

道生成了万物，德畜养了万物，万物呈现各种形态，环境情势使各物成长。因此万物没有不尊崇道而珍贵德的。道之所以受到尊崇，德之所以受到珍贵，就在于它不施加命令，而顺其自然。所以道生成万物，德畜养万物，使万物生长发育，使万物成熟，使万物得到保护。生长万物却不据为己有，兴作万物却不自恃己能，养育万物却不成为主宰。这就是最玄妙的德。

解析

本章是老子的宇宙论。道生长万物而不据为己有，协助万物而不自恃有功，引导万物而不强制干涉。本章重在说明道的创造性不带有丝毫的占有性，并论述道与万物的自发性。这种自发性不仅是道所蕴含的特有精神，也是老子哲学的基本精神。

第五十二章

天下有始[①]，以为天下母[②]，既得其母，以知其子[③]；既知其子，复守其母。没身不殆[④]。塞其兑[⑤]，闭其门[⑥]，终身不勤[⑦]；开其兑，济其事[⑧]，终身不救。见小曰“明”[⑨]，守柔曰“强”[⑩]。用其光[⑪]，复归其明[⑫]，无遗身殃[⑬]，是为“袭常”[⑭]。

注释

①始：本始，指道。

②母：根源，指道。

③子：指万物。

④殆：危险。

⑤兑：口，孔窍。王弼注：“兑，事欲之所由生。”

⑥门：门径。

⑦勤：劳。

⑧开其兑，济其事：打开嗜欲的孔窍，增加纷乱的事件。

⑨见小曰“明”：能观察到细微处叫作“明”。陈柱说：“见小则重分析，而见事理也明。”

⑩强：强健。

⑪光：是向外照射。

⑫明：是向内透亮。

⑬遗：招致。殃：灾祸。

⑭袭：承袭。《小尔雅·广诂》：“袭，因循也。”常：正常规律。

译文

天地万物都有根源，都是由有道产生的，可以作为天下万物的根源。既然认识它的根源，就能认识万物；既然认识万物，又持守着万物的根源，终身都没有危险。堵塞嗜欲的孔窍，封闭嗜欲的门径，终身都没有劳身的事。打开嗜欲的孔窍，增加纷乱的事情，终身不可救药。能观察到细微处叫作明，能保持住柔弱叫作强。运用他敏锐的洞察力，又能收敛他的聪明，不给自己带来灾祸，这就叫作遵循自然规律。

解析

本章的主要观点：一、道是天地万物的本源，人要掌握道去认识万物，了解民众；二、人不可以向外奔逐，向外奔逐必将会自我迷失，自我疏离；三、人要遵循自然规律，以避免给自己带来灾祸。

第五十三章

使我介然有知[①]，行于大道，唯施是畏[②]。大道甚夷[③]，而人好径[④]。朝甚除[⑤]，田甚芜[⑥]，仓甚虚[⑦]；服文采，带利剑，厌饮食[⑧]，财货有余，是谓盗夸[⑨]。非道也哉！

注释

①我：指有道的统治者。

介：微小。《释文》："介，微也。"

②施：邪，斜行。

③夷：平坦。

④人：指人君。径：邪径。

⑤除：废弛，颓败。严灵峰说："除，犹废也。言朝政不举而废弛也。"

⑥芜：荒芜。

⑦虚：空虚。

⑧厌：饱足。

⑨盗夸：大盗。

译文

假使我稍微有些知识，在大道上行走，只怕走入邪路。大道很平坦，但是人君却喜欢走斜径。朝政废弛，农田十分荒芜，仓库非常空虚，而他们却还穿着华丽的衣服，佩带着锋利的宝剑，享受着丰盛的美味，财货很充足，这就叫作强盗首领。多么不合乎大道啊！

解析

本章是老子的政治论。老子一针见血地指出当时政风的败坏，统治者凭借手中的权力，搜刮榨取，假公济私，过着穷奢极欲的生活，但下层民众却挣扎于死亡线上。

第五十四章

善建者不拔，善抱者不脱①，子孙以祭祀不辍②。修之于身③，其德乃真；修之于家，其德乃余；修之于乡，其德乃长④；修之于邦，其德乃丰⑤；修之于天下，其德乃普。故以身观身⑥，以家观家，以乡观乡，以邦观邦，以天下观天下。吾何以知天下然哉？以此。

注释

①抱：有牢固坚固的意思。

②辍：犹绝也。

③修：治。

④长：林希逸注："长，尊也。"

⑤丰：《周易·序卦》："丰者，大也。"

⑥以身观身：河上公注："以修道之身观不修道之身，孰亡孰存也，以修道之家观不修道之家

也，以修道之乡观不修道之乡也。”以自身观察他人。

译文

善于建树的不可拔除，善于抱持的不会脱落，如果子孙能秉承此道，则世世代代的祭祀就不会断绝。贯彻此道到个人，他的德会是纯真的；贯彻此道到一家，他的德会是宽余的；贯彻此道到一乡，他的德会受到尊崇；贯彻此道到一国，他的德就会丰满；贯彻此道到天下，他的德就会普遍。所以要从我个人观照其他人，从我家观照其他人的家，从我的乡观照其他的乡，从我的国观照其他的国，从我的天下观照其他的天下。我怎么知道天下的情况呢？就是用这种办法。

解析

本章是老子的政治论。老子论述了道和德给人们带来的诸多益处。统治者如果能把道和德的原则贯彻到个人乃至天下，就可以取得立身、治家、治乡、治国、治天下的伟业。这是老子对统治者的期望。

第五十五章

含德之厚，比于赤子①。毒虫不螫②，猛兽不据③，攫鸟不搏④。骨弱筋柔而握固，未知牝牡之合而全作⑤，精之至也⑥。终日号而不嗄⑦，和之至也⑧。知和曰常⑨，知常曰明。益生曰祥⑩，心使气曰强⑪。物壮则老⑫，谓之不道，不道早已。

注释

①赤子：婴儿。《汉书·贾谊传》刘奉世注："婴儿体色赤，故曰赤子。"

②毒虫：指蜂、虺、蛇之类。螫：毒虫用尾端刺人。

③据：兽类用足爪攫物。

④攫鸟：用脚爪取物如鹰隼一类的鸟。

搏：鹰隼用翼爪击物。

⑤牝：这里泛指雌性。牡：雄性。

全作：婴孩的生殖器举起。

⑥精：精气。谓生理的功能。

⑦嗄 shà：哑。

⑧和：和气。谓生命活力正常。

⑨常：指事物运作的规律。

⑩益生：纵欲贪生。祥：妖怪。

⑪心：欲念。气：感情的冲动。强：逞强。

⑫壮：强壮。

译文

德行深厚的人，就好比婴儿。毒虫不刺他，猛兽不伤害他，凶鸟不抓他。他筋骨柔弱，但小拳头却攥得很紧。他还不知道男女交合，小生殖器却自动勃起，这是内部精气充足的缘故。他整天号哭，但是嗓子却不会沙哑，这是身体和谐的缘故。认识和气就懂得生命的永恒规律，认识生命永恒的就叫作明智。贪生纵欲就会遭殃，欲念控制和气就是逞强。过分的强壮就会趋向衰老，这就叫作不合于道。不合于道很快就会灭亡的。

解析

本章是老子的人生观。老子继续宣扬自然无为的处世哲学，希望人们回到无知无欲婴儿般的状态，认为只有这样才符合道的标准。人们只有返归到婴儿的那样，才能始终保持柔弱退让的状态，可以避免灾祸，否则就要消亡，这含有朴素的辩证法观点。

第五十六章

知者不言[①]，言者不知[②]。塞其兑，闭其门，挫其锐[③]，解其纷[④]，和其光[⑤]，同其尘[⑥]，是谓“玄同”[⑦]。故不可得而亲，不可得而疏；不可得而利，不可得而害；不可得而贵，不可得而贱[⑧]。故为天下贵。

注释

①知者：谓知道之君。不言：谓行不言之教，无为之政也。

②言者：谓行多言有为之君。不知：谓不知道也。

③挫其锐：压下它的锋芒。

④解其纷：消除其分裂。

⑤和其光：王弼注：“无所特显，则物无所偏争也。”光，比喻特殊。

⑥同其尘：王弼注："无所特贱，则物无所偏耻。"尘，比喻一般。

⑦玄同：玄妙齐同的境界。

⑧不可得而亲……不可得而贱：释德清注："以其圣人迹寄寰中，心超物表，不在亲疏利害贵贱之间，此其所以为天下贵也。"

译文

智者是不向民众施加政令的，施加政令的人就不算智者。堵塞嗜欲的孔窍，闭起嗜欲的门径，摧折他们的锋芒，解决他们的纠纷，调和他们的光芒，混同他们尘迹，这就是玄妙齐同的境界。这样就没有亲疏、利害、贵贱之分。所以受到天下的重视。

解析

本章是老子进一步阐述无为而治的主张：一、实行不言之教；二、使民众返归纯真朴质，无知、无欲、无争；三、不分亲疏贵贱，一切遵循于道。

第五十七章

以正治国[①]，以奇用兵[②]，以无事取天下[③]。吾何以知其然哉？以此[④]：天下多忌讳[⑤]，而民弥贫[⑥]；人多利器[⑦]，国家滋昏[⑧]；人多伎巧[⑨]，奇物滋起[⑩]；法令滋彰[⑪]，盗贼多有。故圣人云："我无为而民自化，我好静而民自正，我无事而民自富；我无欲而民自朴[⑫]。"

注释

①正：清净之道。释德清注："天下国家者，当以清静无欲为正。"

②奇：诡秘，奇巧。

③无事：与无为意思相近。取天下：治理天下。

④以此：以这些事情。此，指下面一段文字。

⑤忌讳：禁忌，禁令教戒。

⑥弥：越。

⑦利器：锐利武器。

⑧昏：混乱。

⑨伎巧：技巧，即智巧。

⑩奇物：邪事。

⑪滋彰：显明周密。

⑫我无为而民自化……民自朴：王弼注："此四者，崇本以息末也。"这就是"以无事取天下"，即"无为""好静""无事""无欲"可使民"自化""自正""自富""自朴"，相反"有为"则是人间动荡不安的根源。

译文

用清静之道来治理国家，用出奇变异的计谋来用兵，用不造事的原则治理天下。我怎么知道应该是这样的呢？从下面这些事情上可以看出：天下的禁忌越多，人民越陷于贫困；民间的利器越多，国家越陷于混乱；民众的技巧越多，邪恶的事情就接连发生；法令越森严，盗贼反而越来越多。所以圣人说："我无所施为，民众就自我化育；我喜清静，民众就自然端正；我不造事，民众就自然富足；我没有贪欲，民众就自然质朴。"

解析

本章是老子的政治论。老子宣扬无为而治的主张，他指出有为的政治是天下昏乱的因素，无为的政治才是天下大治的根本。这章的结尾：“我无为而民自化，我好静而民自正，我无事而民自富，我无欲而民自朴”是老子理想中社会的状况。

第五十八章

其政闷闷[①]，其民淳淳[②]；其政察察[③]，其民缺缺[④]。祸兮，福之所倚[⑤]；福兮，祸之所伏[⑥]。孰知其极[⑦]？其无正也[⑧]。正复为奇[⑨]，善复为妖[⑩]。人之迷，其日固久[⑪]。是以圣人方而不割[⑫]，廉而不刿[⑬]，直而不肆[⑭]，光而不耀[⑮]。

注释：

①闷闷：混混沌沌。含有宽厚的意思。

②淳淳：淳厚。

③察察：严苛，精明。林希逸说："察察者，烦碎也。"

④缺缺：欠缺。

⑤倚：倚靠。

⑥伏：隐藏。

⑦极：终也，结果。

⑧其无正也：指福祸转换无常。

⑨奇：邪也，怪也。

⑩妖：灾祸。

⑪人之迷，其日固久：人们的迷惑，已经有很久的时日。严灵峰说："言人之迷惑于祸福之门，而不知其循环相生之理者，其为时日必已久矣。"

⑫方：方正。割：用刀刃伤物。

⑬廉：棱角。刿：伤。

⑭直而不肆：直率而不放肆。吴澄说："直者不能容隐，纵肆其言，以讦人之短。圣人则不肆。"

⑮光而不耀：光亮而不炫耀。吴澄说："光者不能韬晦，炫耀其行，以暴己之长。圣人则不耀。"

译文

政治宽厚，民众就会淳朴；政治严苛，民众就会狡黠。灾祸啊，幸福倚傍在它里面；幸福啊，灾祸隐藏在它之中。谁知道它们的究竟呢？它们并没有一个固定的准则。正直忽而转变为邪恶，善良忽而转变为丑恶。人们的迷惑，已经有很久的时日了。因此圣人方正而不割伤人，锐利而不戳伤人，直率而不放肆，光亮而不炫耀。

解析

本章是老子朴素的辩证观点。老子认为矛盾对立的双方往往相互转化：其政宽松，一般人认为是坏的，然而结果其民是淳朴的；其政严苛，一般人认为是好的，其结果其民是狡黠的。祸与福，正与奇，善与妖，都能相互转化。最后提出，人们处理一切事情，要做到适可而止，不要过度。

第五十九章

治人事天[①]，莫若啬[②]。夫唯啬，是谓早服[③]；早服，谓之重积德[④]；重积德，则无不克[⑤]，无不克，则莫知其极[⑥]；莫知其极，可以有国；有国之母[⑦]，可以长久。是谓深根固柢[⑧]，长生久视之道[⑨]。

注释

①事天：修身，保养天赋。王纯甫说："事天，谓全其天之所赋，即修身之谓也。"

②啬：爱惜，保养。

③早服：早作准备。王弼注："早，先也。服，得也。"

④重积德：不断地积蓄德。

⑤克：战胜。

⑥极：极限。

⑦有国：含有保国的意思。母：比喻保国的根本之道。

⑧根、柢：树根向四周延伸的叫作根，向下扎的叫作柢。

⑨久视：就是久立的意思。

译文

治理国家，修养身心，没有比爱惜精力更重要了。爱惜精力，乃是早作准备，早作准备就是不断地积蓄德；不断地积蓄德就没有什么不能胜任的；没有什么不能胜任的，就无法估计他的力量；无法估计他的力量，就可以担负保卫国家的责任；掌握了治理国家的道理，就可以长久保持。这就是根深蒂固，长久存在的道理。

解析

本章老子提出了统治人、侍奉天的原则——啬。总的精神是积蓄力量；不该做的事情不做，是无为而治的具体措施。老子认为大而维持国家的统治，小而维持生命的长久，都要从“啬”这条原则做起。

第六十章

治大国，若烹小鲜[①]。以道莅天下[②]，其鬼不神[③]；非其鬼不神，其神不伤人；非其神不伤人，圣人亦不伤人。夫两不相伤[④]，故德交归焉[⑤]。

注释

①烹：煎也，煮也。小鲜：小鱼。

②莅：临。

③其鬼不神：鬼不起作用。古人常用阴阳和谐来说明国泰民安，阴气过盛则称“鬼”。不神，不作怪。

④两不相伤：指鬼与圣人不侵犯人。

⑤交：俱也。

译文

治理大国，如同煎小鱼，不要多次翻动，而为政之道也要安静无扰，扰则害民。用道来治理天下，鬼怪就起不了作用；不但鬼怪起不了作用，神灵也不侵犯人；不但神灵不侵犯人，圣人也不侵犯人。鬼神和圣人都不侵犯人，所以好处便同归之于民，天下便相安无事了。

解析

本章老子提出“治大国，若烹小鲜”，这个警句在古代中国政治思想上产生了深远的影响。它警示统治者为政之要在于安静无扰，扰则害民。如果能实施无为而治，则人人各遂其生而相安无事。只有这样，一切外部的力量才能不产生灾祸。

第六十一章

大邦者下流，天下之牝[①]，天下之交也[②]。牝常以静胜牡，以静为下。故大邦以下小邦，则取小邦[③]；小邦以下大邦，则取大邦[④]。故或下以取[⑤]，或下而取。大邦不过欲兼畜人[⑥]，小邦不过欲入事人。夫两者各得其所欲。大者宜为下[⑦]。

注释

①牝：雌柔。王弼注："牝，雌也。雄躁动贪欲，雌常以静，故能胜雄也。"

②交：交汇。王弼注："天下所归汇也。"

③则取小邦：指大国可以汇聚小国。

④则取大邦：这里指小国见容于大国。

⑤故或下以取：下，谦下。取，借为"聚"。

⑥兼畜人：把人聚集在一起加以养护。兼，聚起来。

畜，范应元说："蓄，聚也。"

⑦大者：即大国。

译文

大国要像百川归附江海那样居于下流，处在天下柔雌的位置，是天下交汇的地方。柔雌常以宁静战胜雄强，因为宁静而谦下的缘故。所以大国对小国谦下，就可以汇聚小国。小国对大国谦下，就可以见容于大国。所以有时大国谦下以汇聚小国，有时小国谦下以见容于大国。大国不过希望聚养小国，小国不过希望侍奉大国。这样大国小国都得到了各自所想要的。大国更应当特别注意谦下。

解析

本章讨论国与国之间相互交往的关系。大国对小国，小国对大国，都要采取谦卑的策略。只有这样，大国才能聚养小国，小国才能见容于大国。

第六十二章

道者[1],万物之奥[2],善人之宝,不善人之所保[3]。美言可以市[4],尊行可以加人[5]。人之不善,何弃之有?故立天子,置三公[6],虽有拱璧以先驷马[7],不如坐进此道[8]。古之所以贵此道者何?不曰:以求得[9],有罪以免邪?故为天下贵。

注释

①道:宇宙本体,有它的自然规律。

②奥:藏,含有荫庇、庇护的意思。

③不善人之所保:不善的人也要保持。河上公注:“道者,不善人之倚保也,遭患逢急,犹自知悔卑下。”

④市:买也,取也。

⑤加人:见重于人。《尔雅·释诂》:“加,重也。”

⑥三公：指太师、太傅、太保。

⑦拱璧：双手捧着璧。驷马：一辆车上套的马，古时候都用四马来驾一辆车。

⑧不如坐进此道：不如用道来进献。王弼注："立天子，置三公，尊其位，重其人，所以为道也。物无有贵于此者，故虽有拱抱宝璧以先驷马而进之，不如坐而进此道也。"

⑨以求得：有求就得到。

译文

道，是万物的庇荫。是善人的珍宝，不善的人也保住它。美好的言词可以博得尊敬，美好的行为可以见重于人。不善良的人，怎么能把道抛弃了呢？所以拥立天子，设置三公，纵然有进奉宝璧在先、驷马在后的礼仪，还是不如用道来作为献礼。古人为什么重视道呢？岂不是说有求的就可以得到，有罪的就可以免除吗？因此，道被天下人所珍视。

解析

本章老子宣扬道的用处。道是万物的庇荫，它既是善人的宝贝，又是不善之人的护身符。统治者遵循道，则国家就会大治。

第六十三章

为无为[①]，事无事[②]，味无味[③]。大小多少[④]。报怨以德[⑤]。图难于其易[⑥]，为大于其细[⑦]。天下难事，必作于易[⑧]；天下大事，必作于细。是以圣人终不为大[⑨]，故能成其大。夫轻诺必寡信[⑩]，多易必多难。是以圣人犹难之[⑪]，故终无难矣。

注释

①为无为：是指顺应自然，虽有为而若无所做作。

②事无事：也是指顺应自然。

③味无味：把无味当作味。王弼注："以恬淡为味，治之极也。"

④大小多少：大生于小，多起于少。

⑤怨：仇恨。德：恩德。

⑥图：谋也，考虑。

⑦细：小也。

⑧作：开始。

⑨不为大：不自以为大。

⑩诺：答应别人的请求。

⑪犹：均也。

译文

用无为的态度去作为，用不造事的态度去做事，以恬淡无味当作味。小生于大，多起于少，用恩德来报答仇恨。解决困难要从容易的时候着手，处理大事要从细微之处入手；天下的难事，必定酝酿于简易之处；天下的大事，必定发生于细微之处。所以圣人始终不待酿成大问题才着手解决，因此才能成就大的事业。轻易许诺的信用一定不足；把事情看得太容易必然会遭遇更多的困难。所以圣人遇到事情总把它看得很艰难，所以终究没有困难了。

解析

本章是老子朴素的辩证法观点。老子认为事物的发展总是向前的，由小到大，由少到多。星星之火可以燎原，滴水可以穿石。老子指出：“天下难事必作于易，天下大事必作于细。”认为“图难于其易，为大于其细”，只要这样，就没有什么事情做不成。

第六十四章

其安易持[①]，其未兆易谋[②]；其脆易泮[③]，其微易散。为之于未有，治之于未乱。合抱之木，生于毫末[④]；九层之台，起于累土[⑤]；千里之行，始于足下。为者败之，执者失之[⑥]。是以圣人无为，故无败；无执，故无失。民之从事，常于几成而败之[⑦]。慎终如始，则无败事。是以圣人欲不欲，不贵难得之货[⑧]；学不学，复众人之所过[⑨]。以辅万物之自然[⑩]，而不敢为。

注释

①持：维持，掌握。

②兆：事物的见端为兆。

③泮：借为判。《说文》："判，分也。"

④毫末：指细小的萌芽。

⑤累土：严灵峰说："累土，地之低者。"

⑥为者败之，执者失之：如果有所作为，就会破坏它，要用力掌握，就会失去它。

⑦几：接近。《尔雅·释诂》："几，近也。"

⑧难得之货：指珠光宝器等奢侈之物，非生活必需品。

⑨复：返也。

⑩辅：助也。自然：自成。谓万物自成，不敢有所施为。

译文

局面安稳时容易维持，事情没有迹象时容易解决，事物脆弱时容易消解，事物细微时容易散失。要在事情没有发生之时就处理妥当，要在祸乱没有产生之时就早做准备。合抱的大树，是从细小的萌芽生长起来的；九层的高台，是从一堆泥土建筑起来的；千里的远程，是从脚下一步一步走出来的。人们做事情，常常在快要成功的时候却失败了。事情要在完成的时候也能像开始的时候一样谨慎，那就没有失败的事了。因此圣人想人所不想的，不珍爱难得的货物；学习人所不学的，一改众人的过失；用以辅助万物的自然成长而不敢有所作为。

解析

本章与上一章的大意相近，主要的观点：一、防患于未然。在祸乱发生之前，就要做好预防。二、事物的发展总是从小到大、由少到多地向前发展，在事物的发展过程中，要做到谨小慎微和慎终如始。

第六十五章

古之善为道者[①]，非以明民[②]，将以愚之[③]。民之难治，以其智多[④]。故以智治国，国之贼[⑤]；不以智治国,国之福。知此两者亦稽式[⑥]。常知稽式，是谓“玄德”[⑦]。“玄德”深矣，远矣，与物反矣[⑧]，然后乃至大顺[⑨]。

注释

①为：执行。

②明：精巧。河上公注：“明，知巧诈也。”

③愚：淳朴。河上公注：“使朴质不诈伪也。”

④智多：王弼注：“多智巧诈。”

⑤贼：害也。

⑥两者：指上文“以智治国，国之贼；不以智治国，国之福”而言。稽式：法式，法则。

⑦玄德：玄妙的德行。

⑧与物反矣：林希逸注："反者，复也，与万物皆反复而求其初。"

⑨大顺：林希逸说："大顺即自然也。"

译文

古代善于行道的人，不是教民众巧诈，而是使民众淳朴。民众之所以难以治理，乃是因为他们懂得太多的巧诈心机。所以用巧诈去治理国家，是国家的灾祸；不用巧诈去治理国家，是国家的幸福。了解这两种治国方式都是法则。统治者经常认识这个法则，这就叫作玄妙的德行，玄妙的德行好深奥啊！与事物复归到真朴，然后才能顺应自然。

解析

本章是老子的政治论。老子认为为政在于真朴，使民众抛弃智巧，返归纯真朴质的状态，国家才能大治。这是老子无为而治的体现。

第六十六章

江海所以能为百谷王者[①]，以其善下之[②]，故能为百谷王。是以欲上民[③]，必以言下之[④]。欲先民[⑤]，必以身后之[⑥]。是以圣人处上而民不重[⑦]，处前而民不害[⑧]，是以天下乐推而不厌[⑨]，以其不争，故天下莫能与之争。

注释

①谷：溪也，小河流。百谷，即百川。

王：《说文》："天下所归往也。"

②善：犹能也。

③上民：统治民众。

④下：喻谦逊。以言下之，出言对民众谦下。

⑤先民：领导民众。

⑥以身后之：把自身利益置于民众之后。

⑦重：高亨说："重犹累也。而民不重，言民不以为累也。"

⑧处前而民不害：奚侗说："处前而不壅遏，则民不以为害。"

⑨推：拥戴。厌：厌恶，憎恶。

译文

江海之所以能成为许多河流所汇聚的地方，是因为它们能够处于百谷的下边，所以能成为许多河流所汇。因此，圣人要成为民众的领导，必须出言对民众谦下；要成为民众的表率，必须把自身的利益置于民众之后。因此圣人居于上面而民众不以为是负担，处在前面而民众不感到受伤害。所以天下民众乐于拥戴而不厌弃他。因为他不和天下人争，所以天下就没有人和他争。

解析

本章是老子的政治论。老子希望理想中的统治者，要想统治民众，就得对民众出言谦卑；要想领导民众，就得把自己的利益置于民众的身后。

第六十七章

天下皆谓我道大，似不肖[①]。夫唯大，故似不肖。若肖，久矣其细也夫!我有三宝，持而保之：一曰慈，二曰俭，三曰不敢为天下先。慈，故能勇；俭，故能广[②]；不敢为天下先，故能成器长[③]。今舍慈且勇[④]，舍俭且广，舍后且先，死矣!夫慈，以战则胜，以守则固。天将救之，以慈卫之。

注释

①不肖：即不像。

②广：厚广。

③器长：万物的首长。

④且：取。

译文

天下人都说，我道伟大，但却不像任何具体事物。正因为它伟大，所以不像任何具体的事物。如果它像具体的事物，那它就显得渺小了。我有三种宝贝，我掌握并珍视它们。第一是慈爱，第二是节俭，第三是不敢居于天下人的前面。慈爱，所以能够勇敢；节俭，所以能够厚广；不敢居于天下人的前面，所以能够成为万物的首长。现在舍弃慈爱而争取勇敢，舍弃节俭而争取厚广，舍弃退后而去争取居先，那是走向死路。慈爱，用之于战争就能胜利，用之于守卫就能稳固。天道将要援助谁，就用慈爱来保卫它。

解析

本章讲述道在政治、军事、人生方面的运用。老子提出了三个法宝，即慈爱、节俭、退让，根本精神是以退为进，不出头，不抢先。如果违背这三个法宝，就会彻底失败。

第六十八章

善为士者，不武[①]；善战者，不怒[②]；善胜敌者，不与[③]；善用人者，为之下[④]，是谓不争之德[⑤]，是谓用人之力[⑥]，是谓配天[⑦]，古之极也。

注释

①士：士卒。王弼注："士，卒之帅也。"武：勇气。

②怒：愤怒。

③不与：不争。王弼注："不与争也。"

④善用人者，为之下：善用人者，对人谦卑。王弼注："用人而不为之下，则力不为用也。"

⑤不争之德：奚侗说："不武，不怒，不与，是不争之德也。"

⑥力：功力，本领。

⑦配天：符合自然的道理。

译文

善于做将帅的人，不逞勇武；善于作战的人，不轻易被激怒；善于战胜敌人的人，不和敌人对阵；善于用人的人，对人谦卑。这就叫作不争的德行，这叫作善于使用别人的能力，这是符合自然的道理。

解析

本章是老子的军事论。老子主张以退为攻的原则，要利用别人的力量，而不与敌人发生正面的冲突，以达到不争的目的。

第六十九章

用兵有言:“吾不敢为主，而为客[①];不敢进寸，而退尺[②]。”是谓行无行[③]，攘无臂[④]，扔无敌[⑤]，执无兵[⑥]。祸莫大于轻敌，轻敌几丧吾宝[⑦]。故抗兵相加[⑧]，哀者胜矣[⑨]。

注释

①为主：进犯，采取攻势。

为客：采取守势，指不得已而应战。

②不敢进寸：谓不敢稍进以先人而充当祸首。

退尺：谓宁多退以让人来消弭战祸。

③行无行：指虽然有阵势，却好像没有阵势可摆。

行，行列，阵势。

④攘无臂：指虽然要奋臂，却好像没有臂膀可挥。

攘臂，是指发怒而奋臂的意思。

⑤扔无敌：指虽然面临敌人，却好像没有敌人。扔敌，指就敌的意思。

⑥执无兵：指虽然有兵器，却好像没有兵器可持。兵，指兵器。

⑦宝：河上公注："宝，身也。"

⑧抗：王弼注："抗，举也。"

抗兵，两相对抗之兵，敌对两军。

⑨哀者胜矣：林希逸说："哀者戚然不以用兵为喜，击攻其镗，踊跃用兵，则非哀者矣。"

译文

古代用兵的人曾说过："我不敢挑起战争，而是不得已而应战，不敢前进一寸，而宁可要后退一尺。"这就是说行军虽然有阵势，却好像没有阵势可摆，虽然要奋臂，却好像没有臂膀可举，虽然面临敌人，却好像没有敌人，虽然有兵器，却好像没有兵器可持。祸患莫大于轻视敌人，轻视敌人几乎丧失了我的三宝。所以敌对两军力量相当时，悲愤的一方获得胜利。

解析

本章上承第六十八章，也是老子的军事论。主要观点：

一、不要轻易挑起战争。

二、主张以守为主，以守取胜的主张。

三、在作战中，决不可轻视敌人。

四、哀兵必胜。

第七十章

吾言甚易知，甚易行。天下莫能知，莫能行[①]。言有宗[②]，事有君[③]。夫唯无知[④]，是以不我知。知我者希[⑤]，则我者贵[⑥]。是以圣人被褐怀玉[⑦]。

注释

①吾言甚易知……莫能行：王弼注："可不出户窥牖而知，故曰甚易知也。无为而成，故曰甚易行也。惑于躁欲，故曰莫之能知也。迷于荣利，故曰莫之能行也。"即我的话很容易理解，便于实行；但大家却不能理解，不能实行。

②宗：宗旨，主旨。

③事有君：行事有根据。有君，指有所本。君，主也。

④无知：谓不识"言有宗，事有君"之理。

⑤希：少也。

⑥则：效法。贵：难得。

⑦被：同“披”。褐：《说文》：“褐，粗衣。”

译文

我的言论很容易理解，很容易实行。可是天下人却不能明白，没人能实行。言论有主旨，行事有根据。正是由于不了解这个道理，因此不了解我。了解我的人越少，效法我的人就越难得了。因而圣人身穿粗衣而胸怀美玉。

解析

本章是老子的自我感叹。老子自认为有见地极易施行的主张，不被世人所理解与重视，他颇有怀才不遇、曲高和寡的苦闷。

第七十一章

知不知[①]，尚矣[②]；不知知[③]，病也[④]。夫唯病病[⑤]，是以不病。圣人不病，以其病病，是以不病。

注释

①知不知：知道而不自以为知道。

②尚：通“上”，上等。

③不知知：不知道却自以为知道。

④病：毛病，缺点。

⑤病病：把毛病当作病。第一个“病”为动词，以之为病；第二个“病”为名词。

译文

知道而不自以为知道，是最好的；不知道却自以为知道，这就是缺点。正因为把这种毛病当作祸患，所以没有祸患。圣人是没有祸患的，因为他把这种毛病当作祸患，所以他没有祸患。

解析

本章是老子的人生观。老子认为人要有自知之明，并诚实地检讨自己，以求自我改进，自我发展。

第七十二章

民不畏威[①]，则大威至[②]。无狎其所居[③]，无厌其所生[④]。夫唯不厌[⑤]，是以不厌[⑥]。是以圣人自知不自见[⑦]，自爱不自贵[⑧]。故去彼取此[⑨]。

注释

①威：威压。

②大威：大的祸乱。

③狎：同“狭”，排挤，窘逼。

④厌：压。

⑤不厌：指统治者不压迫民众。

⑥不厌：这里指民众不厌恶统治者。

⑦不自见：即不自我表现。见，音 xiàn，作表现讲。

⑧自爱不自贵：蒋锡昌说：“自爱，即清净寡欲，自贵，即有为多欲，此言圣人清净寡欲，不有

为多欲。”

⑨彼：指自见，自贵。此：指自知，自爱。

译文

民众不畏惧统治者的威压，则更大的祸乱就要发生了。统治者不要把民众的居处封闭起来，不要用威力压榨民众的生活。只有统治者不用威力压榨民众，民众才不会厌恶统治者。因此，圣人不但有自知之明，而且不自我表现；但求自爱而不自显高贵。所以要舍弃后者而取前者。

解析

本章是老子的政治论。老子认为统治者用暴力压迫民众，是行不通的。为了更有效地统治民众，老子理想中的统治者应做出谦卑的姿态，不要刻意地表现自己。

第七十三章

勇于敢则杀[①]，勇于不敢则活。此两者，或利或害[②]。天之所恶，孰知其故？是以圣人犹难之[③]。天之道[④]，不争而善胜，不言而善应，不召而自来，繟然而善谋[⑤]。天网恢恢[⑥]，疏而不失[⑦]。

注释

①敢：《广韵》："敢，犯也。"

②此两者，或利或害：范应元说："此敢与不敢两者，世或以敢为利，而因以杀身，则是害也；世或以不敢为害，而因以活身，则是利也。故曰：或利或害。"指勇于柔弱则利，勇于坚强则害。

③是以圣人犹难之：此句见于第六十三章。

④天之道：自然的规律。

⑤绰 chǎn 然：安然，宽缓。绰，舒缓。

谋：谋划，安排。

⑥恢：《说文》："恢，大也。"

⑦疏：稀疏，不密。失：漏失。

译文

勇于坚强就会被消灭，勇于柔弱就能生存。这两种勇敢的行为，有的带来了好处，有的带来了灾祸。天道所厌恶的，谁知道是什么缘故呢？所以圣人遇到了事情总把它看得很艰难。自然的规律，不经过斗争而善于取得胜利，不用说话而善于应付，不需召唤而自动到来，宽缓而善于谋划。自然的罗网极其广大，虽网眼稀疏，却不会有一点漏失。

解析

本章老子讲述自然规律是柔弱而不争的，人应该顺应自然而不妄为，只有这样才能得到益处。有所作为反而会招致灾祸。

第七十四章

民不畏死，奈何以死惧之[①]？若使民常畏死，而为奇者[②]，吾得执而杀之[③]，孰敢[④]？常有司杀者杀[⑤]。夫代司杀者杀[⑥]，是谓代大匠斲[⑦]，夫代大匠斲者，希有不伤其手矣。

注释

①惧之：使民众畏惧，即威吓民众。

②为奇：指为邪作恶的行为。奇，奇诡。

③吾：代替统治者发言。执：拘押。

④孰：谁也。

⑤司杀者：专管杀人的。指天道。

⑥代司杀者：蒋锡昌说："人君不能清静，专赖刑罚，是代天杀。"

⑦大匠：工匠的首领。斲 zhuó：砍，削。

译文

民众不畏惧死亡，为什么用死亡来威胁他们呢？如果使民众一直畏惧死亡，对于犯上作乱的人，我们就可以把他抓起来杀掉，谁还敢犯上作乱呢？本来有天道执掌生杀，代替天道杀人，这就像代替木匠去砍木头一样。代替木匠砍木头，很少有不砍伤自己的手的。

解析

在本章老子警告那些暴君，他们专靠严刑峻法来镇压民众,绝不是长久之计。如果他们一意孤行，其结果是自取灭亡。

第七十五章

民之饥，以其上食税之多[①]，是以饥。民之难治，以其上之有为[②]，是以难治。民之轻死，以其上求生之厚[③]，是以轻死。夫唯无以生为者[④]，是贤于贵生[⑤]。

注释：

①上：君上。食税：取税，统治者取税以自养，如同取食物以自养，因此称为“食税”。

②有为：林希逸说：“有为，言为治者过用智术也。”

③以其上求生之厚：由于统治者奉养奢厚。

④无以生为：河上公注：“夫唯独无以生为务者，爵禄不干于意，财利不入于身。”

⑤贤：胜。贵生：高亨说：“君贵生则养厚，厚养则苛敛。”

译文

民众之所以挨饿，就是由于统治者收税过多，所以陷于饥饿。民众之所以难于治理，就是由于统治者强作妄为，所以难以管理。民众之所以不怕死，就是由于统治者奉养奢厚，所以逼得民众铤而走险。只有清静恬淡的人，才比过分重视个人生活的人高明得多。

解析

本章是老子对虐政提出的警告。

第七十六章

人之生也柔弱[①]，其死也坚强[②]。万物草木之生也柔脆[③]，其死也枯槁[④]。故坚强者死之徒[⑤]，柔弱者生之徒[⑥]。是以兵强则不胜，木强则折。强大处下[⑦]，柔弱处上[⑧]。

注释：

①柔弱：指人体的柔弱。

②坚强：指人体的僵硬。

③万物：指有生命的东西，主要指动物。

柔脆：指草木形质的柔软脆弱。

④枯槁：形容草木的干枯。

⑤死之徒：属于死亡的一类。

⑥生之徒：属于生存的一类。

⑦处下：走下坡，谓由盛而衰。

⑧处上：往上升，谓由弱而强。

译文

人活着的时候身体是柔软的，死了的时候就变僵硬了；动植物生长的时候形质是柔脆的，死了的时候就变得干枯了。所以坚强的属于死亡的一类，柔弱的东西属于有生命的一类。因此兵力强大就会遭到灭亡，树木高大就会遭到砍伐。凡是强大的，反而居于下位，凡是柔弱的，反而处在上面。

解析

本章老子通过对客观事物的柔弱和刚强对立转化的论述，表达了他贵柔的生存法则。

第七十七章

天之道[1]，其犹张弓与[2]？高者抑之，下者举之；有余者损之，不足者补之。天之道，损有余而补不足。人之道则不然[3]，损不足以奉有余。孰能有余以奉天下[4]？唯有道者。是以圣人为而不恃[5]，功成而不处[6]。其不欲见贤[7]。

注释

①天之道：指自然界的规律。

②犹张弓与：高亨说："古人张弓，弦的位置高，则向下移，弦的位置低，则向上移，弦长有余，则剪去，弦短不足，则增补。"故曰"犹张弓与"。与，通"欤"，语气词。

③人之道：指社会的规则制度。

④奉：供给。

⑤为：施予。《广雅·释诂》：“为，施也。”

⑥处：居功。

⑦见：通“现”，表现。

译文

自然界的规律，岂不就像拉开弓弦一样吗？弦位高了，就把它压低，弦位低了，就把它举高；弦有余则减损它，弦不足就增补它。自然界的规律就是减损有余的东西，补充不足的东西。人类社会的制度就不是这样，是减损不足的穷人，来供养财富有余的人。谁能把有余的拿出来供给天下不足，只有有道者才能这样。因此有道的人施予万物而不自恃己能，有所成就而不私自居功，他不愿意表现自己的贤能。

解析

本章老子以“天之道”来推“人之道”，主张“人之道”应该效法“天之道”。他面对当时社会贫富悬殊、阶级压迫等种种不合理的现象，大声疾呼要“损有余以奉不足”。

第七十八章

天下莫柔弱于水，而攻坚强者莫之能胜[①]，以其无以易之[②]。弱之胜强，柔之胜刚，天下莫不知，莫能行。是以圣人云："受国之垢[③]，是谓社稷主；受国不祥[④]，是为天下王。"正言若反[⑤]。

注释

①天下莫柔弱于水：范应元说："此就人之易见者而喻之，以申明柔弱之道也。夫两刚相攻，二俱有损。而石刚也，水能穴之，石有损而水无损，是攻刚强者，莫之能胜于柔弱也。"

②无以易之：没有什么能够替代它。

③受：承担。垢：屈辱。

④不祥：灾祸。

⑤正言若反：河上公注："此乃正直之言，世人不知，以为反言。"

译文

天下没有比水更柔弱的，可是攻击坚强的东西，没有能胜过它，因为没有什么东西能代替它。柔弱的胜过刚强的，柔软的胜过坚硬的，天下没有人不知道，但是没有人能实行。因此圣人说：“能够承担全国的屈辱，才配称国家的君主；能够承担全国的灾祸，才配做天下的君王。”正面的话好像反话一样。

解析

本章老子以水喻道，说明柔能胜刚、弱能胜强的道理。

第七十九章

和大怨，必有余怨[①]，安可以为善？是以圣人执左契[②]，而不责于人[③]。有德司契[④]，无德司彻[⑤]。天道无亲[⑥]，常与善人[⑦]。

注释

①和大怨，必有余怨：调和大的怨恨，必定有余留的怨恨。这里意指大怨难于尽和，其根本办法，在于不结。

②左契：契，即契券。古代刻木为契，剖分左右，各人存执一半，以求日后相和符信。左契是负债人订立的，交给债权人收执，就像今天所说的借据存根。

③责：索取偿还，即债权人以收执的左契向负债人索要所欠的东西。

④司：《广雅·释诂》："司，主也。"

⑤司彻：掌管税收。彻，周代的税法。

⑥无亲：没有偏爱。

⑦与：助也，支持。

译文

调解深重的怨恨，必然还有余留的怨恨，这怎么能算是妥善的办法呢？因此圣人保存着借据的存根，但是并不向人索取偿还。有德的人就好像持有借据的人那样宽裕，无德的人就好像掌管税收的人一样苛取。天道是没有偏爱的，永远帮助善良的人。

解析

本章提示为政者不可蓄怨于民。理想的政治是以德化民，给予而不索取，绝不骚扰百姓，这样才会得到百姓拥护，得到天道帮助。

第八十章

小国寡民[①]，使有什伯之器而不用[②]，使民重死而不远徙[③]。虽有舟舆[④]，无所乘之[⑤]；虽有甲兵，无所陈之[⑥]。使民复结绳而用之[⑦]。甘其食[⑧]，美其服[⑨]，安其居，乐其俗。邻国相望，鸡犬之声相闻，民至老死，不相往来。

注释

①小国寡民：使国家小，使百姓少。这是老子心中的理想社会的景象。

姚鼐说："上古建国多而小，后世建国少而大，国大人众，虽欲返上古之治而不可得。"

②什伯之器：各色各样的器具。什伯，古代军队编制，十人为什，百人为伯。这里引申为多种多样。

③重死：畏死，即不轻易冒生命危险。徙：迁移。

④舆：车与舆古代通用。

⑤乘：坐船或者坐车。

⑥陈：陈列。

⑦复：再也。结绳：上古没有文字，结绳以记事。

⑧甘：满意，满足。

⑨美：嘉许，喜爱。

译文

国土狭小，民众稀少，即使有各种器具，却并不使用，使民众重视死亡，而不向远方迁移。虽然有车辆和船只，却没有地方使用；虽然有铠甲武器，却没有机会去使用。使民众回复到用结绳记事的状态。使民众满意他们的饮食，喜爱他们的衣服，喜欢他们的风俗，安居于他们的居处。邻国之间可以彼此相望，鸡鸣狗吠的声音可以彼此听到，而两国民众从生到死，都互相不来往。

解析

本章老子构想了他理想中的社会。在这个社会中，人民无知无欲，满足于朴素简单的生活。国与国之间没有战争，不同国家的人民也不相往来。

第八十一章

信言不美[①],美言不信[②]。善者不辩,辩者不善。知者不博[③],博者不知[④]。圣人不积[⑤],既以为人,己愈有;既与人,己愈多。天之道,利而不害;圣人之道,为而不争[⑥]。

注释

①信言:真话,由衷之言。

②美言:华美之言,乃巧言。

③知者:由于专一,故不广博。

④博者:所接触者广,故不能专攻深知。

⑤不积:指不积累财物。

⑥为:帮助。

译文

真实的言词不华丽,华丽的言词不真实。善良的人不巧辩，巧辩的人不善良。有真知的人不广博，广博的人不一定有真知。圣人不私自积累财物，他尽量帮助别人，自己反而更充足，他尽量给予别人，自己反而更丰富。自然的规律，利物而无害，圣人之道是施与而不与人争。

解析

本章包含着丰富的辩证法思想。老子提出真假、善恶、美丑等矛盾对立的一系列问题，说明某些事物的表面现象和实质并不一致。

图书在版编目（CIP）数据

老子译注 / 贾德永译注．—2 版．—上海：
上海三联书店，2018.9
ISBN 978-7-5426-6309-2
Ⅰ．①老… Ⅱ．①贾… Ⅲ．①道家②《道德经》-译文
③《道德经》-注释 Ⅳ．① B223.1

中国版本图书馆 CIP 数据核字（2018）第 126562 号

老子译注

译　　注 / 贾德永
责任编辑 / 程　力
特约编辑 / 苏雪莹
装帧设计 / Metis 灵动视线
监　　制 / 姚　军
出版发行 / 上海三联书店
（201199）中国上海市都市路 4855 号 2 座 10 楼
邮购电话 / 021-22895557
印　　刷 / 北京旭丰源印刷技术有限公司
版　　次 / 2018 年 9 月第 2 版
印　　次 / 2018 年 9 月第 1 次印刷
开　　本 / 640×960　1/16
字　　数 / 50 千字
印　　张 / 12.25

ISBN 978-7-5426-6309-2/B・576

定　价：19.80元